따라쓰기만 해도 완성되는
내 글씨체 바꿔보기 프로젝트!

참한손글씨
참한펜글씨

캘리그라피 김상연 지음

목차 : 저자의 글

1 들어가는 글 4
2 바른 글씨란 무엇일까요? 5
3 악필 유형 알아보기 6
4 교정 전, 후 글씨 남기기 7
5 바른 글씨 교정을 위해 지켜야 할 3가지 9
6 바른 글씨 교정을 위한 비법 5가지 10
7 6가지 서체 특징과 연습 순서 12
8 글씨 교정을 위한 준비 13
9 내 글씨체 바꿔 보기 프로젝트 15
10 6가지 서체 이야기 16

: 6가지 서체 연습하기

1 : 에코네모체 26
2 : 에코통통체 46
3 : 에코에코체 65
4 : 에코정자체 87
5 : 에코미소체 110
6 : 에코가수체(에코캘리체) 131
\# : 숫자쓰기 153

🍃 나만의 글씨체 찾기 154
🍃 명함 만들기 157
🍃 책갈피 만들기 161

: 저자의 글

들어가는 글

바른 글씨란 무엇일까요?

악필 유형

교정 전, 후 글씨 남기기

바른 글씨 교정을 위해 지켜야 할 3가지

바른 글씨 교정을 위한 비법 5가지

6가지 서체 특징과 연습 순서

글씨 교정을 위한 준비

내 글씨체 바꿔 보기 프로젝트

6가지 서체 이야기

1 들어가는 글

글씨 속에 그 사람의 '인격'이 들어 있다는 말의 사자성어를 들어보셨습니까?
서여기인(書如其人), 글씨가 곧 그 사람과 같다는 말이며 곧 마음의 거울이라 할 수 있습니다.
글씨에는 글씨를 쓰는 사람의 인품과 감성이 고스란히 반영되어 있습니다. 보기 좋고 단정한 글씨는 사람의 마음을 움직이고 미소를 머금고 더 나아가 감동을 주기도 합니다.

예로부터 신언서판(身言書判)이라고 해서 용모, 언행, 글씨, 판단력을 인재 등용의 평가 기준으로 삼았습니다. 그만큼 글씨가 인격 완성에 있어 중요한 것이었음을 알 수 있게 해 줍니다.

요즘은 컴퓨터와 스마트폰의 급속한 보급으로 글씨를 쓸 수 있는 기회가 상대적으로 줄어들게 되어 어린이뿐만 아니라 어른들조차 악필이 늘어나고 있습니다.
그럼에도 최근에는 학생들의 필기시험, 수행평가, 논술시험 등 바르고 예쁜 글씨의 중요성을 강조하고 있어서 손글씨에 관심이 많아지고 있습니다. 시중에 나와 있는 펜글씨 교본들을 살펴보면 대부분이 정자체 위주거나 여러 가지 폰트를 엮어 놓은 것이 대부분입니다.
이 책 〈참한 손글씨 참한 펜글씨〉는 따라 쓰고 싶은 서체 6종류를 오롯이 인간미 넘치는 손글씨로 구성해 보았습니다. 골라 쓰는 재미와 서체마다 충분한 연습공간을 마련해 두었으며 6가지 서체를 모두 연습하면 자연적으로 나쁜 습관을 고치기에도 효과적입니다.

유네스코에서는 지구상의 수많은 문자 중 가장 과학적이고 아름답고 쓰기 쉬운 문자로 한글을 선정해 문화유산으로 지정했습니다. 세계 최고를 자랑하는 문자인 한글을 사용하는 대한민국 국민으로서 한글을 사랑하고 바르고 예쁘게 쓰는 것은 어떨까요?
한글은 모음에 따라 자음의 형태가 변하며, 모음자를 중심으로 모아쓰는 형태라 수많은 음절 글자를 생성하기도 하지만 초성, 중성, 종성의 비율을 잘 맞추어 균형 있게 쓰려고 노력하면 얼마든지 명필이 될 수 있습니다.
손가락을 많이 움직이는 글씨 교육은 뇌세포의 활동을 자극해서 두뇌 발달을 돕고 따뜻한 감성과 인성 교육에도 도움이 됩니다.
손글씨의 영역은 인간의 향을 그리워하는 사람들이 있듯 로봇이 대신 할 수 없는 영역입니다. 기계적인 서체인 폰트보다 손글씨가 아날로그적 감성을 자극하여 사람의 마음을 따뜻하게 하는 힘이 클 것이라 생각합니다. 일상생활 속에서 나아가 일에서도 도움이 되며 감성을 자극하고 본성을 건드려 주는 손글씨가 될 수 있게 우리 함께 노력해 봅시다.
10대에서 성인까지 손글씨가 악필에서 명필로 바뀌어 모두가 예쁜 글씨, 참한 손글씨, 참한 펜글씨를 쓸 수 있도록 이 교재가 조금이나마 도움이 되었으면 합니다.

2 바른 글씨란 무엇일까요?

바른 글씨란, 언제 어디서 누가 보더라도 무슨 글자인지 확연하게 알아볼 수 있는 글씨입니다. 가로획, 세로획, 글자 사이 간격, 줄 사이 간격 등이 조화를 이루면 어떤 글씨든 아름다워집니다. 나의 개성을 살리면서 가독성 있는 멋진 글씨를 쓸 수 있도록 도전해 보시기 바랍니다.

바른 글씨는 교육의 기초이며 교양의 기초이라는 말이 있습니다. 제대로 배우고 꾸준히 연습하면 누구나 어렵지 않게 잘 쓸 수 있습니다.

3   악필 유형 알아보기

1 글씨 쓰는 요령, 즉 방법을 모른 채 쓰거나 급하게 대충 쓰려는 경향이 대부분일 것입니다.

: 정성껏, 천천히, 꾸준히, 반복 연습으로 교정 가능합니다.

2 좀 더 구체적으로 살펴보면 자음과 모음이 바른지, 자음과 모음의 균형이 맞는지, 글자의 크기가 일정한지, 글자 자간과 띄어쓰기가 적절한지, 글자의 기울기가 한쪽으로 쏠렸는지, 문장을 쓰면서 오른쪽 위로 올라가거나 아랫방향으로 내려가거나 쏠리지 않았는지, 여러 가지가 섞인 혼합형인지 자가진단하기는 쉽지 않지만 차분히 기본부터 시작하면 생각보다 어렵지 않습니다.

: 필기구별 잡는 방법, 자세, 선 긋기, 한글 자모의 생김새 알아보기, 올바른 획순, 네모칸 안에서 자음별 모음 결합 형태에 따른 변화 연습 등을 바꿔 주면 됩니다.

✉ 벌써부터 걱정하지 마세요!

✉ 해당되는 악필 유형을 한꺼번에 고치려고 하기 보단 교정 단계에서는 한 번에 한 가지씩 고쳐 나간다는 생각으로 시작하면 좋습니다.

4 교정 전, 후 글씨 흔적남기기

현재 자신의 손글씨를 평소 쓰는 글씨체나 좀 더 정성들여 쓰셔도 좋습니다.

: **교정시작 전 / 교정 후**

　나의 글씨체 남기기

　__년 __월 __일

나의 현재 글씨체 남기고 변화된 글씨체와 비교하기

: 이름, 주소, 전화번호

교정시작 전	교정시작 후

: 애국가 1절 쓰기

동해물과 백두산이 마르고 닳도록
하느님이 보우하사 우리나라 만세
무궁화 삼천리 화려 강산
대한 사람 대한으로 길이 보존하세

교정시작 전	교정시작 후

5 바른 글씨 교정을 위해 지켜야 할 3가지

1 바른 마음가짐과 바른 자세

바른 자세는 건강에도 좋고 바른 글씨를 쓰는 데도 도움을 줍니다.

- 엉덩이가 의자 끝에 들어가도록 깊게 앉습니다.
- 의자 등받이에 등을 붙이고 어깨에 힘을 빼고 가슴과 허리를 펴주세요.(허리 구부리지 않도록 주의)
- 책상과 배꼽의 사이 거리는 한 주먹 정도 유지하게 띄웁니다.
- 엉덩이를 너무 빼면 허리에 무리가 오고 책상에 너무 붙을 경우에는 자세가 흐트러지기 쉬우니 주의해 주세요.(다리 꼬지 않도록 주의)
- 교재나 공책은 몸의 중심에서 오른편에 쓰기 편하게 놓고 왼손도 공책 위에 살포시 얹어 놓습니다.
- 약 15도 정도 상체를 앞으로 숙인 상태로 써 나갑니다.

2 정성과 반복 연습

천천히 쓰는 습관과 매일 조금씩이라도 꾸준하게 연습하는 게 좋습니다. 하루에 20~30분 투자하기(일주일에 2~3일은 꼭 연습하기)

독학 연습 시 한 장을 연습하면 자평(자기평가)의 시간을 가지면서 체크하면서 연습을 이어가세요.

3 필법에 맞는 연습(글씨의 특징과 규칙 이해하기)

펜을 잡는 방법, 글씨를 쓰는 순서, 글자의 구조와 짜임새 등의 요령을 터득하고 각 서체별 글씨의 특징 및 규칙을 생각하면서 연습하도록 합니다.

: 펜을 잡는 방법

- 연필의 3~4cm 되는 곳을 엄지와 검지로 잡고 중지의 첫째 마디로 연필 아랫부분을 살짝 받쳐 주세요.
- 약지와 새끼손가락은 편안하게 유지하고, 달걀을 쥐는 정도의 느낌으로 공간을 만들어 연필을 자연스럽게 잡아 주면 됩니다.
- 손가락뿐만 아니라, 손목, 손 전체를 모두 이용해서 글씨를 써 주세요.
- 책상 위에서 연필은 약45도 정도로 각을 유지하세요.
  그 외 볼펜, 프러스펜, 만년필 등은 50~60도로 각을 유지하세요.

6 바른 글씨 교정을 위한 비법 5가지

1️⃣ 적당한 크기로 쓰며 작게(평소글씨사이즈) 씁니다.

: 단, 초등학생은 글씨의 짜임과 균형 감각을 익히기 위해 크게 쓰기를 권장합니다.

2️⃣ 단어, 자간 사이는 좁게 씁니다.

: 간격과 높이 맞추기

글자와 글자 사이의 간격을 닿지 않을 정도로 최대한 붙여 쓰는 것이 좋고 띄어 쓸 때는 글씨 크기의 반 정도의 공간을 띄우는 게 보기 좋습니다.

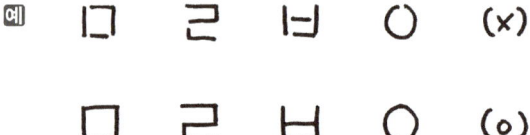

3️⃣ 자음과 모음의 이음새를 연결해서 써야 글씨가 단정하게 보입니다.

예 ㅁ ㄹ ㅂ ㅇ (x)

ㅁ ㄹ ㅂ ㅇ (o)

4️⃣ 줄은 위아래 여백을 주고 가운데 라인에 글자 높이를 맞춰서 씁니다.
　 칸은 가장자리 여백을 같게 주고 가운데에 글자가 들어가게 씁니다.

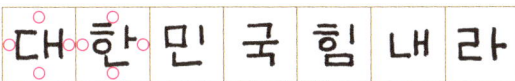

5️⃣ 글씨체에 따른 모양 틀을 잘 이해하고 그 모양에 맞춰 균형적이고 안정감 있게 쓰도록 합니다.
　: 예쁘고 바른 글씨를 쓰기 위해서는 무엇보다도 좋은 필법으로 쓰는 연습을 게을리하지 않아야 합니다.

　예　① 에코네모체, 에코통통체, 에코미소체는 사각형틀에 꽉 차는 유형

　　　② 에코에코체는 가분수 유형

　　　③ 에코정자체는 모음의 위치에 좌우되는 유형ㄴ 유형

　　　④ 에코가수체는 길쭉한 평행사변형

7   6가지 서체 특징과 연습 순서

6가지 서체가 전체적으로 획의 유형이 쉽고 단순하며 각 서체가 유기적으로 연결되어 있으므로 어떤 서체를 먼저 시작해도 상관없습니다.

글씨 교정의 기본이 되는 균형감각과 짜임을 먼저 익히기를 원한다면 에코네모체로 시작하기를 권합니다. 에코네모체는 고딕체 스타일로 다른 서체들을 익히기 위한 기본 틀을 잡아 주고 글씨 교정의 준비 과정에 어울리는 서체이기도 합니다. 에코네모체로 기본틀을 잡고 좀 더 세련되게 발전시키고 싶다면 에코정자체를 교정 단계부터 연습해 보기를 권합니다. 정자체는 한글의 아름다움을 가장 잘 표현한 서체라 할 수 있으며 바른 글씨의 표본이며 가독성이 좋은 서체입니다.

연습은 6가지 모두 한 번씩 해 보시고 그중 자신이 선호하는 서체나 자신의 평소 글씨체와 유사한 서체 한 가지를 최종적으로 복습한다면 보다 효과적으로 나만의 글씨를 완성할 수 있습니다.

각 서체의 특징이나 몇 가지 규칙들을 알면 글씨 교정이 어렵지 않아요.

기본적인 공식(규칙)이라 할 수 있는 특징을 파악하도록 노력해 보세요.

세상의 모든 아름다움을 오롯이 내 손글씨로 쓰면서 힐링의 시간을 가져보세요.

글씨 교정 시 글씨 쓰는 속도-손의 기억을 바꿔야 합니다.

오랫동안 써 온 자신의 필체를 단시간에 바꾸기란 쉬운 일이 아닙니다. 왜냐하면 원래의 필체로 돌아가려는 성질이 있기 때문이지요.

글씨를 교정하려면 나쁜 습관으로 굳어진 손의 기억을 바꾸어야 합니다. 손의 기억을 바꾸려면 어떻게 해야 할까요? 머리로는 서체의 특징과 규칙을 항상 생각하면서 손으로는 천천히 정성 들여 글씨 쓰는 연습을 해야 합니다. 그리고 차츰 연습이 쌓이면 바른 글씨 쓰기가 익숙해지고 속도도 빨라질 수 있습니다. 따라서 예쁜 글씨를 쓰려면 글씨를 바르게 잘 쓰는 방법을 익혀 좋은 습관을 갖는 것이 무엇보다 중요합니다.

8. 글씨 교정을 위한 준비

1 연필

가장 기본적인 필기도구로 무게가 가벼워 올바른 자세를 만드는 데 좋으며 수정하기 쉬워 연습용으로 추천합니다.

연필은 심의 굵기와 진하기에 따라 여러 종류가 있습니다.
글씨용으로는 HB, B, 2B가 적합합니다.(샤프는 추천하지 않습니다.)
연필은 손가락뿐만 아니라, 손목, 손 전체를 모두 이용해서 글씨를 써 주시고 책상과 연필은 약 45도 정도로 각을 유지하면 됩니다.

2 볼펜

선의 굵기가 일정하고 실생활에서 많이 사용하는 필기구로 부드럽게 써져 적은 힘으로 쓸 수 있습니다. (유성펜, 수성펜, 중성펜 등)

학생들이 실제 노트 필기용으로 가장 많이 사용합니다.
볼펜은 60도의 각도로 세워서 써야 이물질이 덜 생깁니다.
육각 바디의 면이 있는 볼펜이 그립감이 좋아 글씨 쓸 때 부드럽게 써집니다.
글씨 교정 초기에는 평소 사용하던 볼펜도 좋고 구입한다면 부드러운 유성펜이나 중성펜을 추천합니다.
시중의 다양한 펜들을 골라 써 보는 것도 연습에 도움이 됩니다.

3 프러스펜

실생활에서 많이 쓰는 펜으로 처음엔 펜촉이 까칠하지만 살짝 길들이면 부드러워져서 선의 굵기가 일정해져 단정한 글씨 쓰기에 좋고 무게도 가벼워서 오래 써도 손에 무리가 없으며 가격도 착해서 펜글씨 쓰기에 가장 일반적으로 쓰는 필기구입니다.

책상과 프러스펜은 50~60도로 짧게 잡아 세워서 쓰면 됩니다.
프러스펜은 문구회사별로 다양하게 나와 있으니 활용해보세요.

4 싸인펜

굵기가 굵은 편으로 글씨의 포인트나 강조할 때 사용하면 좋고 가볍고 선의 라인이 간결하여 부드럽게 써지는 필기구로 색상이 다양합니다.

가벼워서 속필에도 유용하며 부드럽게 쓸 수 있습니다. 컬러가 다양하여 일러스트 채색하기도 좋고 엽서나 카드에 통통한 글씨를 쓸 때 좋습니다.

TIP

글씨 교정 후에는 만년필, 잉크펜, 캘리그라피펜 등 시중에 나와 있는 다양한 펜들도 구입해 연습해 보시길 바랍니다. 펜들 저마다의 종류에 따라 특징이 다르며 그립감, 심의 굵기, 부드럽기, 같은 종류라 하더라도 회사에 따라 특징이 다르므로 자신에게 맞는 펜을 찾아보는 것도 좋습니다. 펜에 따라 글씨의 느낌도 서체도 달라지기 때문입니다. 세상은 넓고 펜종류는 많다~

5 펜글씨 독학교재 / 공책

- 공책은 무지보다는 일정한 줄이 인쇄된 것이 좋습니다.
- 10칸 또는 12칸 사각형으로 배열되어 있는 노트 : 천천히 쓰는 데 좋습니다.
- 방안(그리드)노트 : 글씨의 기울기나 균형이 맞는지 확인이 쉽습니다.
- 원고지형 노트 : 적당한 글씨의 크기로 연습하기 좋습니다.

① 지그캘리그라피2 TC-3100
② 스타빌로 펜 68
③ 동아파인테크 0.3
④ 동아터치컴퓨터펜
⑤ 모닝글로리 마하3
⑥ 쿠아컬러리 브러쉬 펜
⑦ 모닝글로리 듀얼캘리그라피
⑧ 동아캘리그라피코
⑨ 스테들러 피그먼트라이너 0.2
⑩ 지그쿠레타케 붓펜 나누호
⑪ 스테들러 마스그래픽 3000듀오
⑫ 모나미 플러스펜S

9   내 글씨체 바꿔 보기 프로젝트

글씨 교정이 필요한 학생부터 나만의 개성 있는 글씨를 쓰고 싶은 성인까지 우리가 평소에 사용하는 필기구인 연필, 볼펜, 프러스펜으로 시작하여 완성하는 손글씨, 펜글씨 교본입니다.

1. 6가지 서체를 또박또박 정성껏 꾸준히 써 보세요.
2. 6가지 서체의 특징을 잘 살려서 쓴다면 글씨 교정의 시간이 짧아집니다.
3. 다양한 필기구를 활용하면 즐겁게 연습할 수 있습니다.
4. 글의 흐름이 긴 만큼 자간, 행간을 신경 써 주세요!

    – 다양한 글씨체를 이 교재 한 권으로 경험할 수 있습니다.
    – 설명도 쉽고 간단, 특징도 몇 가지 규칙만으로 가볍게 시작할 수 있습니다.

그동안의 글씨 교정 교재들은 정자체 중심이 많고, 대부분은 컴퓨터 폰트로 구성되어 있으나 이 교재는 보다 손쉽게 쓸 수 있는 손글씨들로 남았으며, 각 서체마다 충분히 연습할 수 있도록 자음부터 모음 연습까지 한 글자, 두 글자 그리고 여러 글자쓰기, 짧은 문구, 긴 문장을 속담, 명언, 응원 문구, 예쁜 문구, 힐링 문구 등 다양한 내용으로 예쁜 글씨를 따라 쓸 수 있도록 구성되어 있습니다. 손글씨는 결코 단시간에 완성될 수는 없습니다. 정성과 반복, 그리고 몇 가지 중요한 특징을 파악해 연습한다면 나만의 글씨체도 만들 수 있을 것입니다.
우리가 평소에 많이 사용하는 필기도구인 연필, 볼펜, 프러스펜 등으로 시작하세요. 또박또박 정성을 들여 꾸준히 연습해봅시다.

글씨교정에서 캘리그라피까지
도전! 가즈아~

10   6가지 서체 이야기

🌷 에코네모체

에코네모체의 특징은 수직, 수평 그리고 대각선의 짧은 직선으로 기교를 부리지 않는 글자입니다.
이 서체는 한 자 한 자 천천히 반듯하게 써야 하기 때문에 이 서체를 쓰다 보면 글자의 균형감각과 짜임을 이해할 수 있으므로 글씨 교정에 매우 효과적입니다.
한글의 기본 획 쓰기 순서대로 씁니다.
이 서체는 단정하고 반듯한 느낌으로 남녀노소 누구에게나 어울립니다.
글자의 모양은 네모틀 구조에 꽉 찬 형태로 고딕 스타일, 판본 스타일과 유사합니다.
이 서체는 연필, 프러스펜 등을 추천합니다.

- 구조 : 초성, 중성, 받침의 비율은 1 : 1 : 1 입니다.
- 글자 모양틀은 네모칸 안에 가득차게 쓰며 주사위 모양 또는 깍뚝 모양으로 씁니다.
- 천천히, 차분하게 정성껏 씁니다.
- 짧은 직선을 바르게 그을 수 있도록 선 연습을 충분히 하는 게 좋고 직선은 반듯하게 각 잡는 것이 중요합니다.
- 6가지 글씨체 중에서 가장 지루하고 어려울 수 있겠지만 참고 노력해 보시길 바랍니다.
  모음은 짧게, 쌍자음은 기본자음 너비의 2배가 아닌 살짝만 커지는 정도가 좋습니다.

예 • 좌우 대칭

예 • ㅅ ㅈ ㅊ 대칭, 수평유지
- 좌우대칭형으로 양쪽 끝이 바닥에 닿도록 쓴다.
- 획의 이음새 부분 터진 곳 없게 쓰기
- 단정함

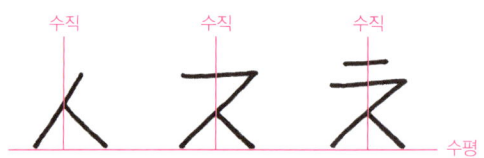

예 • 에코네모체 응용
　　– 이선 모음을 길게 하거나 모음 시작점에 장식을 올리면 재미있는 서체로 활용하기 좋다.

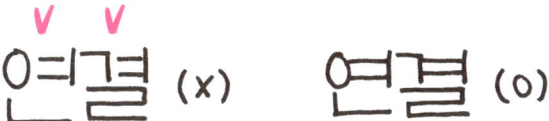

🌷 에코통통체

동글동글한 모양의 통통 튀는 발랄하고 귀여운 글씨체로 여학생들이 많이 선호합니다.
이 서체의 2획이나 3획의 자음을 한 번에 연결해서 쓰는 것이 특징이며 필기감이 부드러운 볼펜으로 연습하면 좋습니다. 속필이 어울려 노트 필기 서체로 좋습니다.
또한, 모음의 'ㅡ'선과 'ㅣ'선을 쓸 때 끝처리 부분에서는 손의 힘을 빼고 튕겨 주는 느낌으로 펜을 살짝 들어주면 더 발랄해 보입니다.
초성과 중성의 크기는 비슷하고 받침은 조금 작게 씁니다. 강약 조절을 하면서 리듬감 있게 쓰는 것이 특징입니다. 네모꼴이며 살짝 가분수 스타일에 가깝기도 합니다. 기본획은 유연하게 펜을 굴리듯이 연결하고 가로획에서 수평선 부분의 균형감을 잘 살려 쓰도록 합니다.(한붓에 부드럽게 그리듯이)

예 • 모음의 기본은 에코네모체의 모음과 같지만 에코통통체의 부드럽게 이어지는 곡선 형태인 자음과
　　어울리게 활이 휘어진 것처럼 쓰기도 합니다.

• 에코통통체 모음 변형

– 기본자음의 수평획을 특히 유의해서 써야 균형을 유지 할 수 있습니다.

ㄷㄹㅁㅂㅋㅌㅍ ㅡ 수평

응용 에코통통체는 받침보다 초성을 크게 쓰지만 동글동글 받침을 초성보다 크게 써도 귀엽습니다.

당신을 사랑합니다 → 당신을 사랑합니다

에코에코체

에코에코체는 직선과 기울기의 조화가 잘 어우러져 보면 볼수록 깔끔하고 사랑스러워 남녀노소 모두가 좋아하는 매력적인 서체입니다.
이 서체는 초성의 비율이 모음과 받침보다 크므로 위가 넓은 사각형 꼴의 모양입니다.
받침은 초성과 중성 사이에 위치하고 모음 아래에 위치해도 됩니다.
에코에코체는 시작선과 끝선이 전부 멈춤선으로 되어 있습니다. 특히 끝선을 꼭 멈춤선(선이 두껍게)으로 씁니다.
이 서체는 메모, 엽서, 카드, 편지, 다이어리 꾸미기 등 다양하게 활용되는 서체이며
프르스펜, 사인펜, 만년필, 피그마펜, 라이너펜 등이 좋습니다.
에코에코체를 잘 쓰기 위해서는 에코네모체를 먼저 연습하시고 도전하시면 좋습니다.
에코에코체는 자음을 쓰고 난 후에 모음으로 무게 중심을 맞추어 쓰는 것이 중요하며,
자모음의 기울기가 클수록 무게중심에 더 신경 써야 합니다.

문장을 쓸 때 기본적으로 가운데 라인에 맞춰 쓰되 글씨의 높낮이에 변화를 주어 리듬감을 살려 쓰면 좋습니다.

응용 세로 모음을 길게 쓰면 어른스러운 느낌을 줍니다.

예 내 인생의 봄날은 언제나 지금이다
↓
내 인생의 봄날은 언제나 지금이다

🌷 에코정자체

에코정자체는 단정하고 정갈한 글씨체이며 붓글씨로는 궁체 스타일로 다른 서체보다 어려울 수 있으나 글씨를 기술적으로 더 잘 쓰고자 할 때 좋은 서체이며 바른 글씨의 표본입니다.
저는 배려체, 우아체, 단아체 라고 이름을 붙이고 싶습니다.
한글의 아름다움을 가장 잘 표현하였고 서체 중 가장 가독성이 좋은 서체이기도 합니다.
기본 구조는 네모형 꼴이고 모음의 위치에 따라 여러 가지 형태로 나타나기도 합니다.

- 오른쪽으로 점점 커지는 모양의 삼각형
- 아래로 커지는 모양의 삼각형
- 사다리 모양의 사각형
- 다이아몬드 모양의 사각형
- 반듯한 네모꼴

예

정자체는 글꼴에 대한 구조와 기본을 잘 이해하고 파악하고 있어야 한글을 아름답게 표현 할 수 있습니다. 글자에 맞는 모양틀을 생각하며 글자를 써야 안정감 있고 균형 있게 쓸 수 있습니다.
글씨의 비율은 초성과 받침의 크기는 비슷하고 중성(모음)의 길이는 세로획, 가로획 모두 길게 씁니다.
에코정자체는 시작선과 마지막 끝선의 강약 조절이 중요합니다. 시작선의 두께는 점점 강하게 끝선은 가늘게 하세요. 45도의 시작점을 충분히 연습하여 자연스럽게 수직선으로 내려오게 하면 세련된 표현이 가능합니다.
글씨를 쓸 때 펜을 잡는 힘을 조절하는 것도 중요합니다. 처음 시작은 펜 끝을 공책에 고정한 후 힘을 적당히 준 상태로 시작하여 'ㅣ'선은 끝나는 부분에서 힘을 빼면서 끝을 뾰족하게 마무리하면서 살짝 들어 주고, 'ㅡ'선의 끝선은 멈춤선으로 합니다.
모음의 세로획의 삐침이 자연스럽고 부드럽게 꺾일 수 있게 연습을 많이 해야 보다 안정감 있는 글씨가 됩니다. 모음은 글씨 전체의 균형을 잡아주는 기둥 역할을 하기 때문에 모음의 위치와 간격을 조정하는데 주의해서 써 봅시다.
세로획은 직선, 가로획은 수평선을 유지할 수 있어야 좋습니다.
국가 공인 펜글씨 시험의 기본 서체이며 논술이나 시험답안 제출, 각종 공문서와 증빙 서류 작성, 그리고 경조사 문구 표현 등에 적합한 글씨체이며 정중하고 정성스러운 분위기 등에 잘 어울리는 서체입니다.

🌷 에코미소체

에코미소체는 에코네모체와 에코정자체가 섞인 글씨체로 수염을 연상케 하는 ㅅ, ㅈ, ㅊ의 자음과 웃는 느낌의 가로획(─)을 보면 재미있는 요소가 많은 서체이며 가독성도 좋은 단정한 글씨체입니다.
글자의 비율을 초성, 중성, 받침이 같은 크기이며 네모의 구조를 가지고 있습니다.
미소체도 끝선은 튕겨 주듯이 가볍게 쓰는 것이 특징입니다.
기본선이 부드러워 귀엽지만 정갈한 느낌이 있습니다. 가로획 세로획에서 직선에 대한 부담감이 없어서 다른 글씨체에 비해 쉽게 접근할 수 있다는 장점이 있습니다.
정자체가 부담스럽다면 에코미소체 추천해 봅니다.

모음 연결 가능한 획들은 한 붓으로 연결해서 쓴다면 필기체의 느낌도 있습니다.

예   ㅗ   ㅛ   ㅓ   ㅋ
    ㅗ   ㅛ   ㅓ   ㅋ

🌷 에코가수체

가수체는 가로획은 수평, 세로획은 어슷(사선)의 특징을 서체명에 나타낸 글씨체입니다. 이 서체는 대중적으로 많이 쓰는 캘리그라피의 일반적 서체 유형이며 경사체, 사체로 속필에 아주 유용하게 쓰이고 있습니다. 세로획이 날렵하고 시원스럽게 뻗어 주어 남성적으로 보이기도 하나 남녀 성인들 모두가 선호하는 서체입니다.
초성을 작게 쓰고 세로획 모음의 기울기를 일정하게 표현하면 멋스러운 서체로 탈네모틀 구조이며 길쭉한 평행사변형 스타일로 되어 있습니다.
세로획 중성(모음)에서 받침을 연결하여 써도 좋고 획의 끝맺음은 흘려 쓰듯 자연스럽게 마무리합니다.
몇 개의 자음들을 유연하게 변형해서 연습하면 다양한 감성을 표현할 수 있습니다.

예

응용
　　　　　　　　　　　　　　　　　　　　　　프러스펜

　　　　　　　　　　　　　　　　　　　　　　캘리그라피 사각닙펜

　　　　　　　　　　　　　　　　　　　　　　붓펜

　　　　　　　　　　　　　　　　　　　　　　붓펜

펜대를 조금 높게 잡고 자유롭고 유연하게 펜을 사용하면 좋습니다.
자음과 모음의 간격을 좁게 글자와 글자 사이의 간격은 최대한 붙여서 씁니다.
세로획의 모음은 길게 빼주면서 써 주면 시원한 느낌을 줄 수 있습니다.
에코가수체를 붓펜으로 쓴다면 캘리그라피 서체로도 활용도가 높습니다.

🌷 레이아웃에 맞춰 문장쓰기 – 다양한 구도의 표현

기본 연습과 1줄 문장 연습이 되었다면 짧은 문구나 긴 문장을 다양한 레이아웃으로 써보는 연습을 해야 합니다. 예쁜 글씨에는 정답이 없다지만 긴 문구나 문장을 쓸 때는 가독성을 먼저 챙기면서 쓰는 것이 중요합니다. 글에 담긴 감정과 분위기를 생각하고 전하려는 말이 한눈에 들어오게 쓰려면 가독성을 챙겨야 하고 가독성을 챙기려면 덩어리감이 느껴져야 하고 덩어리감이 느껴지려면 필체, 자간, 행간, 띄어쓰기 등이 균형을 잘 이루어야 합니다. 마치 공간을 채우듯 퍼즐을 끼워 맞추듯이 하면 됩니다.
펜으로 문장을 쓸 때 강조할 문구나 중요한 의미의 단어를 표현하기에 강약이 어렵다면 조사나 어미를 작게 써서 가독성을 챙길 수 있습니다.

강조하고 싶은 문구는 굵은 펜을 사용하거나 컬러를 바꿔보는 방법도 있습니다.
일반적으로 가운데 라인, 가운데 정렬, 좌우 대칭구조를 많이 사용하고 있습니다.
레이아웃을 쉽게 하려면 동그라미, 삼각형, 다이아몬드 모양, 사각형 모양, 하트 모양 등 다양한 모양 틀을 만들어서 문장을 구성해 보는 방법도 있습니다.

: 가독성이란? 문자, 기호 또는 도형이 얼마나 쉽게 읽히는가 하는 능률의 정도.
　가독성은 얼마나 쉽게 읽을 수 있는지를 나타내는 정도를 뜻함.

: 레이아웃 예시문(6가지서체)

에코가수체

에코네모체

에코미소체

에코에코체

에코정자체

에코통통체

서시

죽는 날까지 하늘을 우러러
한 점 부끄럼이 없기를
잎새에 이는 바람에도
나는 괴로워했다
별을 노래하는 마음으로
모든 죽어가는 것을 사랑해야지
그리고 나한테 주어진 길을
걸어가야겠다

오늘 밤에도 별이 바람에 스치운다

— 윤동주

청춘은
무엇해도 멋지다

: 6가지 서체 연습하기

1 : 에코네모체

2 : 에코통통체

3 : 에코에코체

4 : 에코정자체

5 : 에코미소체

6 : 에코가수체 (에코캘리체)

1 : 에코네모체

ㄱ	ㄱ	ㄱ				
ㄴ	ㄴ	ㄴ				
ㄷ	ㄷ	ㄷ				
ㄹ	ㄹ	ㄹ				
ㅁ	ㅁ	ㅁ				
ㅂ	ㅂ	ㅂ				
ㅅ	ㅅ	ㅅ				
ㅇ	ㅇ	ㅇ				
ㅈ	ㅈ	ㅈ				

: 에코네모체

ㄱ	ㄴ	ㄷ	ㄹ	ㅁ	ㅂ	ㅅ	ㅇ	ㅈ	ㅊ	ㅋ	ㅌ
ㄱ	ㄴ	ㄷ	ㄹ	ㅁ	ㅂ	ㅅ	ㅇ	ㅈ	ㅊ	ㅋ	ㅌ
ㄱ	ㄴ	ㄷ	ㄹ	ㅁ	ㅂ	ㅅ	ㅇ	ㅈ	ㅊ	ㅋ	ㅌ

ㅍ	ㅎ	ㅏ	ㅑ	ㅓ	ㅕ	ㅗ	ㅛ	ㅜ	ㅠ	ㅡ	ㅣ
ㅍ	ㅎ	ㅏ	ㅑ	ㅓ	ㅕ	ㅗ	ㅛ	ㅜ	ㅠ	ㅡ	ㅣ
ㅍ	ㅎ	ㅏ	ㅑ	ㅓ	ㅕ	ㅗ	ㅛ	ㅜ	ㅠ	ㅡ	ㅣ

가	갸	거	겨	고	교	구	규	그	기	가	구
가	갸	거	겨	고	교	구	규	그	기	가	구
가	갸	거	겨	고	교	구	규	그	기	가	구

나	냐	너	녀	노	뇨	누	뉴	느	니	나	비
나	냐	너	녀	노	뇨	누	뉴	느	니	나	비
나	냐	너	녀	노	뇨	누	뉴	느	니	나	비

:: 에코네모체

다	댜	더	뎌	도	됴	두	듀	드	디	다	리
다	댜	더	뎌	도	됴	두	듀	드	디	다	리
다	댜	더	뎌	도	됴	두	듀	드	디	다	리

라	랴	러	려	로	료	루	류	르	리	라	임
라	랴	러	려	로	료	루	류	르	리	라	임
라	랴	러	려	로	료	루	류	르	리	라	임

마	먀	머	며	모	묘	무	뮤	므	미	마	을
마	먀	머	며	모	묘	무	뮤	므	미	마	을
마	먀	머	며	모	묘	무	뮤	므	미	마	을

바	뱌	버	벼	보	뵤	부	뷰	브	비	바	다
바	뱌	버	벼	보	뵤	부	뷰	브	비	바	다
바	뱌	버	벼	보	뵤	부	뷰	브	비	바	다

: 에코네모체

사	샤	서	셔	소	쇼	수	슈	스	시	사	탕
사	샤	서	셔	소	쇼	수	슈	스	시	사	탕
사	샤	서	셔	소	쇼	수	슈	스	시	사	탕

아	야	어	여	오	요	우	유	으	이	아	기
아	야	어	여	오	요	우	유	으	이	아	기
아	야	어	여	오	요	우	유	으	이	아	기

자	쟈	저	져	조	죠	주	쥬	즈	지	자	석
자	쟈	저	져	조	죠	주	쥬	즈	지	자	석
자	쟈	저	져	조	죠	주	쥬	즈	지	자	석

차	챠	처	쳐	초	쵸	추	츄	츠	치	차	비
차	챠	처	쳐	초	쵸	추	츄	츠	치	차	비
차	챠	처	쳐	초	쵸	추	츄	츠	치	차	비

• 에코네모체

카	캬	커	켜	코	쿄	쿠	큐	크	키	카	트
카	캬	커	켜	코	쿄	쿠	큐	크	키	카	트

타	탸	터	텨	토	툐	투	튜	트	티	타	조
타	탸	터	텨	토	툐	투	튜	트	티	타	조

파	퍄	퍼	펴	포	표	푸	퓨	프	피	파	도
파	퍄	퍼	펴	포	표	푸	퓨	프	피	파	도

하	햐	허	혀	호	효	후	휴	흐	히	하	마
하	햐	허	혀	호	효	후	휴	흐	히	하	마

: 에코네모체

까	따	빠	싸	짜	깍	딴	빨	쌈	짱	낚	닭
까	따	빠	싸	짜	깍	딴	빨	쌈	짱	낚	닭
까	따	빠	싸	짜	깍	딴	빨	쌈	짱	낚	닭
많	밝	삶	앉	잤	찮	팎	공	돈	준	콜	폰
많	밝	삶	앉	잤	찮	팎	공	돈	준	콜	폰
많	밝	삶	앉	잤	찮	팎	공	돈	준	콜	폰
고	뿔	길	섶	깜	냥	꽃	샘	남	새	노	해
고	뿔	길	섶	깜	냥	꽃	샘	남	새	노	해
고	뿔	길	섶	깜	냥	꽃	샘	남	새	노	해
달	포	라	온	미	르	봄	동	새	밭	안	날
달	포	라	온	미	르	봄	동	새	밭	안	날
달	포	라	온	미	르	봄	동	새	밭	안	날

에코네모체

얼	레	허	당	높	새	갈	무	리	나	들	목
얼	레	허	당	높	새	갈	무	리	나	들	목
얼	레	허	당	높	새	갈	무	리	나	들	목
다	랑	귀	미	리	내	손	사	래	여	우	비
다	랑	귀	미	리	내	손	사	래	여	우	비
다	랑	귀	미	리	내	손	사	래	여	우	비
화	수	분	물	비	늘	미	쁘	다	꽃	가	람
화	수	분	물	비	늘	미	쁘	다	꽃	가	람
화	수	분	물	비	늘	미	쁘	다	꽃	가	람
바	람	꽃	시	나	브	로	포	롱	거	리	다
바	람	꽃	시	나	브	로	포	롱	거	리	다
바	람	꽃	시	나	브	로	포	롱	거	리	다

: 에코네모체

다	람	쥐		쳇	바	퀴		돌	듯	
다	람	쥐		쳇	바	퀴		돌	듯	
다	람	쥐		쳇	바	퀴		돌	듯	

고	생		끝	에		낙	이		있	다
고	생		끝	에		낙	이		있	다
고	생		끝	에		낙	이		있	다

도	랑		치	고		가	재		잡	는	다
도	랑		치	고		가	재		잡	는	다
도	랑		치	고		가	재		잡	는	다

밑		빠	진		독	에		물	붓	기
밑		빠	진		독	에		물	붓	기
밑		빠	진		독	에		물	붓	기

에코네모체

팔은 안으로 굽는다

하나를 보면 열을 안다

찬물도 위아래가 있다

쇠뿔도 단김에 빼랫다

: 에코네모체

소 잃고 외양간 고친다

아는 길도 물어 가랬다

백지장도 맞들면 낫다

꿩 먹고 알 먹는다

함께해요   축하해요   아름다워요   행운을 빌어요

함께해요   축하해요   아름다워요   행운을 빌어요

괜찮아요   감동이에요   약속해요   반갑습니다

괜찮아요   감동이에요   약속해요   반갑습니다

그리워요   고맙습니다   이루어질거예요   전화할게요

그리워요   고맙습니다   이루어질거예요   전화할게요

멋지세요   수고 많으셨어요   소원성취 하세요

멋지세요   수고 많으셨어요   소원성취 하세요

뿌리가 튼튼해야 큰 나무가 될 수 있다

뿌리가 튼튼해야 큰 나무가 될 수 있다

뿌리가 튼튼해야 큰 나무가 될 수 있다

세상에 연습만큼 위대한 재능은 없다

세상에 연습만큼 위대한 재능은 없다

세상에 연습만큼 위대한 재능은 없다

여러분의 반짝 빛나는 미래를 응원합니다

여러분의 반짝 빛나는 미래를 응원합니다

여러분의 반짝 빛나는 미래를 응원합니다

모든 일에 감사하며 긍정적으로 살자

모든 일에 감사하며 긍정적으로 살자

모든 일에 감사하며 긍정적으로 살자

: 에코네모체

너에게
힘찬 하루되길

꿈을 향해
전진
전진하자

언제
어디서나
가슴펴고
당당하게

하쿠나마타타
걱정하지마
다 잘될거야

무한한
가능성을 가진
우리는
슈퍼 그루에잇!

그대는
햇살이어라

: 에코네모체

너에게
힘찬 하루되길

꿈을 향해
전진
전진하자

언제
어디서나
가슴펴고
당당하게

하쿠나마타타
걱정하지마
다 잘될거야

무한한
가능성을 가진
우리는
슈퍼 그루에잇!

그대는
햇살이어라

: 에코네모체

모든 일에
감사하며
긍정적으로 살자

인생은
흘린 눈물의
깊이만큼
아름답다

소신있게
일하고
한 일에 책임을
다하자

당신은
뭘해도 될 사람
이야
항상 응원해요

우리
더 많은 날을
함께해요

오늘도
당신에게
행복이
도착했어요

: 에코네모체

모든 일에
감사하며
긍정적으로 살자

인생은
흘린 눈물의
깊이만큼
아름답다

소신있게
일하고
한 일에 책임을
다하자

당신은
뭘해도 될 사람
이야
항상 응원해요

우리
더 많은 날을
함께해요

오늘도
당신에게
행복이
도착했어요

: 에코네모체

오늘도
당신에게
행복이
도착했어요

모든 일에
감사하며
긍정적으로
살자

무한한
가능성을 가진
너희는
슈퍼 그레잇!

인생은
흘린 눈물의
깊이만큼
아름답다

• 에코네모체

세상에
연습만큼
위대한 재능은
없다

세상에
특별하지 않은
존재란
없어

우리
더 많은 날을
함께해요

여러분의
반짝반짝 빛나는
미래를
응원합니다

2: 에코통통체

: 에코통통체

| ㄱ | ㄴ | ㄷ | ㄹ | ㅁ | ㅂ | ㅅ | ㅇ | ㅈ | ㅊ | ㅋ | ㅌ |

| ㅍ | ㅎ | 아 | 야 | 어 | 여 | 오 | 요 | 우 | 유 | 으 | 이 |

| 애 | 얘 | 에 | 예 | 와 | 왜 | 외 | 위 | 웨 | 워 | 우 | 워 |

| 가 | 나 | 다 | 라 | 마 | 바 | 사 | 아 | 자 | 차 | 카 | 타 |

에코통통체

파	하	고	노	도	로	모	보	소	오	조	초
파	하	고	노	도	로	모	보	소	오	조	초
파	하	고	노	도	로	모	보	소	오	조	초

코	토	프	흐	까	따	빠	싸	짜	끈	뜨	쁘
코	토	프	흐	까	따	빠	싸	짜	끈	뜨	쁘
코	토	프	흐	까	따	빠	싸	짜	끈	뜨	쁘

가	겨	고	규	각	간	결	곰	굽	걷	굿	깊
가	겨	고	규	각	간	결	곰	굽	걷	굿	깊
가	겨	고	규	각	간	결	곰	굽	걷	굿	깊

나	너	뇨	뉴	난	넘	념	농	눈	늘	님	났
나	너	뇨	뉴	난	넘	념	농	눈	늘	님	났
나	너	뇨	뉴	난	넘	념	농	눈	늘	님	났

: 에코통통체

다	더	뎌	도	됴	듀	닥	덤	돕	둥	뒷	딜
다	더	뎌	도	됴	듀	닥	덤	돕	둥	뒷	딜

라	려	료	루	락	랜	럴	렴	룡	률	룬	립
라	려	료	루	락	랜	럴	렴	룡	률	룬	립

마	머	며	모	무	뮤	막	맨	명	못	뭔	민
마	머	며	모	무	뮤	막	맨	명	못	뭔	민

바	벼	보	뷰	박	밴	벨	별	봉	뵙	북	빌
바	벼	보	뷰	박	밴	벨	별	봉	뵙	북	빌

에코통통체

사	샤	서	소	슈	스	삭	설	섬	솟	싣	쉴
사	샤	서	소	슈	스	삭	설	섬	솟	싣	쉴
사	샤	서	소	슈	스	삭	설	섬	솟	싣	쉴

아	야	어	요	유	악	얻	엽	옷	용	육	잇
아	야	어	요	유	악	얻	엽	옷	용	육	잇
아	야	어	요	유	악	얻	엽	옷	용	육	잇

카	커	켜	코	큐	칵	칸	켰	콥	킁	퀸	킹
카	커	켜	코	큐	칵	칸	켰	콥	킁	퀸	킹
카	커	켜	코	큐	칵	칸	켰	콥	킁	퀸	킹

타	터	토	투	탁	탠	텔	톱	튤	특	팅	튕
타	터	토	투	탁	탠	텔	톱	튤	특	팅	튕
타	터	토	투	탁	탠	텔	톱	튤	특	팅	튕

: 에코통통체

파	퍼	펴	포	퓨	팍	팸	펄	펨	퐁	풀	핏
파	퍼	펴	포	퓨	팍	팸	펄	펨	퐁	풀	핏
하	허	효	휴	학	혈	현	홍	흠	흔	힘	흰
하	허	효	휴	학	혈	현	홍	흠	흔	힘	흰

웃음 햇살 용기 미소 레몬 가베

웃음 햇살 용기 미소 레몬 가베

고마워 최고야 설레임 킹왕짱

고마워 최고야 설레임 킹왕짱

코알라	다람쥐	오렌지	공부중
코알라	다람쥐	오렌지	공부중
코알라	다람쥐	오렌지	공부중

함께하라	응답하라	솜씨자랑	미소공주
함께하라	응답하라	솜씨자랑	미소공주
함께하라	응답하라	솜씨자랑	미소공주

재롱잔치	백설공주	신데렐라	아이럽유
재롱잔치	백설공주	신데렐라	아이럽유
재롱잔치	백설공주	신데렐라	아이럽유

슈퍼파웜	그린나래	보물창고	푸른하늘
슈퍼파웜	그린나래	보물창고	푸른하늘
슈퍼파웜	그린나래	보물창고	푸른하늘

사랑의교실   우리들솜씨   날개를펴라   마음을보라

사랑의교실   우리들솜씨   날개를펴라   마음을보라

사랑의교실   우리들솜씨   날개를펴라   마음을보라

긍정의새싹   책읽는쉼터   이달의행사   환영합니다

긍정의새싹   책읽는쉼터   이달의행사   환영합니다

긍정의새싹   책읽는쉼터   이달의행사   환영합니다

관찰해보아요   생일축하해요   꿈꾸는아이들

관찰해보아요   생일축하해요   꿈꾸는아이들

관찰해보아요   생일축하해요   꿈꾸는아이들

해피버스데이   날마다좋은날   선택은나의몫

해피버스데이   날마다좋은날   선택은나의몫

해피버스데이   날마다좋은날   선택은나의몫

오늘은 좀 센치해요   윤정이랑 유럽여행

오늘은 좀 센치해요   윤정이랑 유럽여행

맛있는건 영칼로리   시각디자인과 합격기원

맛있는건 영칼로리   시각디자인과 합격기원

칭찬은 고래도 춤추게 한다   조금 돌아가도 괜찮아

칭찬은 고래도 춤추게 한다   조금 돌아가도 괜찮아

후회하지 않을 선택을 하라   걱정하지 말아요

후회하지 않을 선택을 하라   걱정하지 말아요

좋은 생각과 예쁜말이 좋은일을 만든다

좋은 생각과 예쁜말이 좋은일을 만든다

내일의 모든 꽃들은 오늘의 씨앗 속에 있다

내일의 모든 꽃들은 오늘의 씨앗 속에 있다

알콩달콩 우리함께 꽃길만 걸어요

알콩달콩 우리함께 꽃길만 걸어요

할머니 오래오래 건강하시고 행복하세요

할머니 오래오래 건강하시고 행복하세요

말하는대로 원하는대로 모든 일이 다 이루어져라

말하는대로 원하는대로 모든 일이 다 이루어져라

말하는대로 원하는대로 모든 일이 다 이루어져라

행복수저 물고 태어나게 해주셔서 감사합니다

행복수저 물고 태어나게 해주셔서 감사합니다

행복수저 물고 태어나게 해주셔서 감사합니다

눈부시게 빛날 우리딸의 미래를 응원합니다

눈부시게 빛날 우리딸의 미래를 응원합니다

눈부시게 빛날 우리딸의 미래를 응원합니다

성공한 사람보다 가치있는 사람이 되자

성공한 사람보다 가치있는 사람이 되자

성공한 사람보다 가치있는 사람이 되자

: 에코통통체

칭찬은
고래도 춤추게
한다

조금
돌아가도
괜찮아

후회하지
않을
선택을 하라

좋은 생각이
예쁜일을
만든다

오랫
오래
건강하세요
사랑해요

언제나
눈부시게
낭만할래요

: 에코통통체

칭찬은
고래도 춤추게
한다

조금
돌아가도
괜찮아

후회하지
않을
선택을 하라

좋은 생각이
예쁜일을
만든다

오래
오래
건강하세요
사랑해요

언제나
눈부시게
낭만할래요

: 에코통통체

내가
당신의
우산이돼줄게

모든 시간마다
내가
너의 곁에
있을게

땀이 없으면
아무것도
이룰 수 없다

내일의
모든 꽃들은
오늘의
씨앗속에
있다

당신의 미소는
봄날의
햇살보다
따뜻해요

알콩달콩
우리함께
꽃길만걸어요

: 에코통통체

내가
당신의
우산이돼줄게

모든 시간마다
내가
너의 곁에
있을게

땀이 없으면
아무것도
이룰 수 없다

내일의
모든 꽃들은
오늘의
씨앗 속에
있다

당신의 미소는
봄날의
햇살보다
따뜻해요

알콩달콩
우리 함께
꽃길만 걸어요

당신의 미소는
봄날의
햇살보다
따뜻해요

땀이 없으면
아무것도
이룰 수 없다

모든 시간마다
내가
너의 곁에
있을게

내일의
모든 꽃들은
오늘의
씨앗속에
있다

: 에코통통체

 3: 에코에코체

ㅊ	ㅊ	ㅊ					
ㅋ	ㅋ	ㅋ					
ㅌ	ㅌ	ㅌ					
ㅍ	ㅍ	ㅍ					
ㅎ	ㅎ	ㅎ					
ㅏ	ㅏ	ㅏ					
ㅑ	ㅑ	ㅑ					
ㅓ	ㅓ	ㅓ					
ㅕ	ㅕ	ㅕ					
ㅗ	ㅗ	ㅗ					

에코에코체

| ㄱ | ㄴ | ㄷ | ㄹ | ㅁ | ㅂ | ㅅ | ㅇ | ㅈ | ㅊ | ㅋ | ㅌ |

| ㅍ | ㅎ | 아 | 야 | 어 | 여 | 오 | 요 | 우 | 유 | 으 | 이 |

| 애 | 얘 | 에 | 예 | 와 | 왜 | 외 | 워 | 위 | 웨 | 웨 | 위 |

| 가 | 나 | 다 | 라 | 마 | 바 | 사 | 아 | 자 | 차 | 카 | 타 |

: 에코에코체

파	하	고	노	도	로	모	보	소	오	즈	츠
파	하	고	노	도	로	모	보	소	오	즈	츠
파	하	고	노	도	로	모	보	소	오	즈	츠

크	트	프	흐	까	따	빠	빠	싸	짜	까	따
크	트	프	흐	까	따	빠	빠	싸	짜	까	따
크	트	프	흐	까	따	빠	빠	싸	짜	까	따

가	갸	고	규	각	간	결	곰	굽	걷	굿	깊
가	갸	고	규	각	간	결	곰	굽	걷	굿	깊
가	갸	고	규	각	간	결	곰	굽	걷	굿	깊

나	너	뇨	뉴	난	넘	녑	뇽	눈	늘	님	났
나	너	뇨	뉴	난	넘	녑	뇽	눈	늘	님	났
나	너	뇨	뉴	난	넘	녑	뇽	눈	늘	님	났

에코에코체

다	더	뎌	도	됴	듀	닥	덤	돕	둥	뒷	딜
라	려	료	루	락	랜	럴	렴	룡	룰	른	립
마	머	며	모	무	뮤	막	맨	명	못	뭔	민
바	벼	보	뷰	박	밴	벨	별	봉	뵙	북	빌

: 에코에코체

사	샤	셔	소	슈	스	삭	설	셤	솟	심	쉴
사	샤	셔	소	슈	스	삭	설	셤	솟	심	쉴
사	샤	셔	소	슈	스	삭	설	셤	솟	심	쉴

아	야	여	요	유	악	얻	엽	옷	용	육	잇
아	야	여	요	유	악	얻	엽	옷	용	육	잇
아	야	여	요	유	악	얻	엽	옷	용	육	잇

자	저	져	죠	주	즈	작	절	졌	좋	죽	진
자	저	져	죠	주	즈	작	절	졌	좋	죽	진
자	저	져	죠	주	즈	작	절	졌	좋	죽	진

차	처	초	쵸	추	츄	착	챈	철	쳤	총	칠
차	처	초	쵸	추	츄	착	챈	철	쳤	총	칠
차	처	초	쵸	추	츄	착	챈	철	쳤	총	칠

에코에코체

카	궈	껴	코	큐	칵	칸	겼	콥	킁	퀸	킹
카	궈	껴	코	큐	칵	칸	겼	콥	킁	퀸	킹

타	터	토	투	탁	탠	텔	톱	튤	특	팅	튕
타	터	토	투	탁	탠	텔	톱	튤	특	팅	튕

파	퍼	펴	포	퓨	팍	팸	펄	펨	퐁	풀	핏
파	퍼	펴	포	퓨	팍	팸	펄	펨	퐁	풀	핏

하	허	효	휴	학	혈	현	홉	훙	훈	힘	힌
하	허	효	휴	학	혈	현	홉	훙	훈	힘	힌

구국김낙 깨밖꿈낚 누눈나는 밑굳도둑 또뚜때따

구국김낙 깨밖꿈낚 누눈나는 밑굳도둑 또뚜때따

울랄라로 밥부빕바 웃잉응앙 낯찌읏짐 쩔쭉철꽃

울랄라로 밥부빕바 웃잉응앙 낯찌읏짐 쩔쭉철꽃

캐쿨윽익 도태맡밭 풀파잎숲 하혜혈쌀 도룡뽕땅

캐쿨윽익 도태맡밭 풀파잎숲 하혜혈쌀 도룡뽕땅

굔갈까꼬 먹보빵풀 짱수장침 어흥오황 킹콩광꽁

굔갈까꼬 먹보빵풀 짱수장침 어흥오황 킹콩광꽁

비타민 마카롱 러블리 심쿵해 새우깡 또래별

비타민 마카롱 러블리 심쿵해 새우깡 또래별

좋은생각 유럽여행 벨벳레드 아이스킹

좋은생각 유럽여행 벨벳레드 아이스킹

무한도전 포스뿜뿜 설렘폭발 둥지탈출

무한도전 포스뿜뿜 설렘폭발 둥지탈출

카누커피 나마스테 다람살라 자몽쥬스

카누커피 나마스테 다람살라 자몽쥬스

| 해피스마일 | 뭉쳐야산다 | 악동뮤지션 | 소울메이트 |

| 그린티라떼 | 히비스커스 | 브라질너트 | 쇼미더머니 |

| 시크릿가든 | 정글의법칙 | 창의발굴단 | 방탄소년단 |

| 내일은맑음 | 꽃길만걷자 | 행복한 하루 | 사랑합니다 |

고맙습니다   보고 싶어요   초대합니다   축하합니다

고맙습니다   보고 싶어요   초대합니다   축하합니다

고맙습니다   보고 싶어요   초대합니다   축하합니다

그대가 참 좋아요   수고했어 오늘도   전지적에코시점

그대가 참 좋아요   수고했어 오늘도   전지적에코시점

그대가 참 좋아요   수고했어 오늘도   전지적에코시점

꽃피고 물흐르듯이 살아요   축제하듯 인생을 살자

꽃피고 물흐르듯이 살아요   축제하듯 인생을 살자

꽃피고 물흐르듯이 살아요   축제하듯 인생을 살자

너에 대한 믿음을 가져   너는 웃는 모습이 참 예뻐

너에 대한 믿음을 가져   너는 웃는 모습이 참 예뻐

너에 대한 믿음을 가져   너는 웃는 모습이 참 예뻐

당신을 응원합니다	웃음꽃이 활짝 피었습니다

당신을 응원합니다	웃음꽃이 활짝 피었습니다

당신을 응원합니다	웃음꽃이 활짝 피었습니다

작은 것에도 감사하자	서로의 존재에 감사해요

작은 것에도 감사하자	서로의 존재에 감사해요

작은 것에도 감사하자	서로의 존재에 감사해요

너의 존재는 나에게 따뜻한 추억이 된다

너의 존재는 나에게 따뜻한 추억이 된다

너의 존재는 나에게 따뜻한 추억이 된다

웃을수록 행복은 커져간다

웃을수록 행복은 커져간다

웃을수록 행복은 커져간다

그것도 열정이라면 성공은 뒤따라 올것이다

그것도 열정이라면 성공은 뒤따라 올것이다

그것도 열정이라면 성공은 뒤따라 올것이다

손글씨는 예쁜마음을 담는 화분입니다

손글씨는 예쁜마음을 담는 화분입니다

손글씨는 예쁜마음을 담는 화분입니다

선물받은 오늘을 소중하게 보내자

선물받은 오늘을 소중하게 보내자

선물받은 오늘을 소중하게 보내자

인생에 촛불 하나씩 있었으면 정말 좋겠다

인생에 촛불 하나씩 있었으면 정말 좋겠다

인생에 촛불 하나씩 있었으면 정말 좋겠다

나의 꿈을 향해 세상 끝까지 달려가자

나의 꿈을 향해 세상 끝까지 달려가자

나의 꿈을 향해 세상 끝까지 달려가자

알록달록 단풍아 내 곁에 오래오래 머물러 다오

알록달록 단풍아 내 곁에 오래오래 머물러 다오

알록달록 단풍아 내 곁에 오래오래 머물러 다오

우리의 미래는 의심하지 말아요 결국엔 해피엔딩

우리의 미래는 의심하지 말아요 결국엔 해피엔딩

우리의 미래는 의심하지 말아요 결국엔 해피엔딩

나의 펜글씨가 미소짓게 한다면 노력할 것이다

나의 펜글씨가 미소짓게 한다면 노력할 것이다

나의 펜글씨가 미소짓게 한다면 노력할 것이다

생일 축하해 너의 앞날에 꽃길만 있길 바래

생일 축하해 너의 앞날에 꽃길만 있길 바래

생일 축하해 너의 앞날에 꽃길만 있길 바래

밝고 빛나는 별처럼 세상에 빛이되는 사람이 되길

밝고 빛나는 별처럼 세상에 빛이되는 사람이 되길

밝고 빛나는 별처럼 세상에 빛이되는 사람이 되길

: 에코에코체

밝고 빛나는
별처럼
세상에 빛이 되는
사람이 되길

글씨는
마음을 담는
그릇
입니다

나의 손글씨가
누군가를
미소짓게한다면
노력할래

알록달록 단풍아
내 곁에
오래오래
머물러다오

우리의 미래는
의심하지 말아요
결국엔
해피엔딩

생일 축하해
너의 앞날에
꽃길만 있길
바래

: 에코에코체

밝고 빛나는
별처럼
세상에 빛이 되는
사람이 되길

글씨는
마음을 담는
그릇
입니다

나의 손글씨가
누군가를
미소짓게한다면
노력할래

알록달록 단풍아
내 곁에
오래오래
머물러다오

우리의 미래는
의심하지 말아요
결국엔
해피엔딩

생일 축하해
너의 앞날에
꽃길만 있길
바래

에코에코체

축제하듯
인생을 살자

꽃피고 물흐르듯이
살아요

너에 대한
믿음을 가져

너는
웃는 모습이
참예뻐

작은 것에도
감사하자

웃을수록
행복은
커져간다

: 에코에코체

축제하듯
인생을 살자

꽃피고 물흐르듯이
살아요

너에 대한
믿음을 가져

너는
웃는 모습이
참예뻐

작은것에도
감사하자

웃을수록
행복은
커져간다

• 에코에코체

원하는대로
바라는대로
모든일이
술술술 잘 풀려라

나의 손글씨가
누군가를 미소짓게
할수있다면
기꺼이 노력할거야

선물받은
오늘을
소중하게
보내자

밝고 빛나는
별처럼
세상에 빛이되는
사람이되길

에코에코체

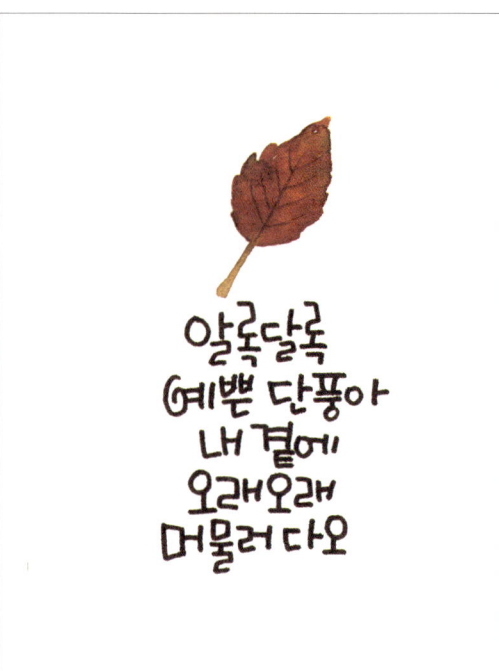

4: 에코정자체

츠	ㅊ	ㅊ					
ㅋ	ㅋ	ㅋ					
ㅌ	ㅌ	ㅌ					
ㅍ	ㅍ	ㅍ					
ㅎ	ㅎ	ㅎ					
ㅏ	ㅏ	ㅏ					
ㅑ	ㅑ	ㅑ					
ㅓ	ㅓ	ㅓ					
ㅕ	ㅕ	ㅕ					
ㅗ	ㅗ	ㅗ					

ㅛ	ㅛ	ㅛ					
ㅜ	ㅜ	ㅜ					
ㅠ	ㅠ	ㅠ					
ㅡ	ㅡ	ㅡ					
ㅣ	ㅣ	ㅣ					

에코정자체

ㄱ	ㄴ	ㄷ	ㄹ	ㅁ	ㅂ	ㅅ	ㅇ	ㅈ	ㅊ	ㅋ	ㅌ
ㄱ	ㄴ	ㄷ	ㄹ	ㅁ	ㅂ	ㅅ	ㅇ	ㅈ	ㅊ	ㅋ	ㅌ

ㅍ	ㅎ	ㅏ	ㅑ	ㅓ	ㅕ	ㅗ	ㅛ	ㅜ	ㅠ	ㅡ	ㅣ
ㅍ	ㅎ	ㅏ	ㅑ	ㅓ	ㅕ	ㅗ	ㅛ	ㅜ	ㅠ	ㅡ	ㅣ

가	나	다	라	마	바	사	아	자	차	카	타
가	나	다	라	마	바	사	아	자	차	카	타

파	하	고	뉴	도	루	모	부	소	우	죠	추
파	하	고	뉴	도	루	모	부	소	우	죠	추

: 에코정자체

코	투	포	효	아	애	야	얘	어	에	여	예
코	투	포	효	아	애	야	얘	어	에	여	예

오	와	왜	외	요	우	워	웨	위	유	으	이
오	와	왜	외	요	우	워	웨	위	유	으	이

가	갸	거	겨	그	구	규	귀	고	교	옥	곡
가	갸	거	겨	그	구	규	귀	고	교	옥	곡

나	냐	니	내	너	녀	네	노	뇨	누	뉴	근
나	냐	니	내	너	녀	네	노	뇨	누	뉴	근

• 에코정자체

| 는 | 돈 | 론 | 손 | 다 | 댜 | 디 | 대 | 더 | 뎌 | 데 | 도 |

| 됴 | 두 | 듀 | 곧 | 받 | 라 | 랴 | 리 | 래 | 러 | 려 | 레 |

| 로 | 료 | 루 | 류 | 길 | 놀 | 들 | 릴 | 미 | 모 | 무 | 부 |

| 비 | 보 | 곱 | 사 | 샤 | 시 | 새 | 서 | 세 | 스 | 쇼 | 수 |

: 에코정자체

슈	갓	롯	맛	이	으	양	우	유	지	자	재
슈	갓	롯	맛	이	으	양	우	유	지	자	재

저	제	조	주	쥬	즈	차	챠	치	채	처	쳐
저	제	조	주	쥬	즈	차	챠	치	채	처	쳐

코	타	터	토	파	퍼	포	하	허	호	후	히
코	타	터	토	파	퍼	포	하	허	호	후	히

까	꼬	따	떠	또	빠	싸	써	쏘	짜	쩌	쪼
까	꼬	따	떠	또	빠	싸	써	쏘	짜	쩌	쪼

: 에코정자체

가	구	고	나	너	노	다	도	라	러	로	마
가	구	고	나	너	노	다	도	라	러	로	마
가	구	고	나	너	노	다	도	라	러	로	마

바	사	서	소	아	자	저	조	차	처	초	카
바	사	서	소	아	자	저	조	차	처	초	카
바	사	서	소	아	자	저	조	차	처	초	카

국	군	곧	골	곰	곱	곳	공	곶	숯	읔	끝
국	군	곧	골	곰	곱	곳	공	곶	숯	읔	끝
국	군	곧	골	곰	곱	곳	공	곶	숯	읔	끝

높	놓	넜	늙	넓	곯	값	많	앉	핥	읊	삶
높	놓	넜	늙	넓	곯	값	많	앉	핥	읊	삶
높	놓	넜	늙	넓	곯	값	많	앉	핥	읊	삶

: 에코정자체

궈	놔	돼	레	뫼	봬	쇠	와	좌	춰	케	줴
궈	놔	돼	레	뫼	봬	쇠	와	좌	춰	케	줴

퓌	혜	했	났	각	날	닫	랄	잠	찾	칼	탔
퓌	혜	했	났	각	날	닫	랄	잠	찾	칼	탔

: 에코정자체

| 콜 | 롬 | 비 | 아 | 보 | 고 | 타 | 쿠 | 바 | 아 | 바 | 나 |

| 핀 | 란 | 드 | 헬 | 싱 | 키 | 필 | 리 | 핀 | 마 | 닐 | 라 |

| 체 | 코 | 프 | 라 | 하 | 캄 | 보 | 디 | 아 | 프 | 놈 | 펜 |

| 캐 | 나 | 다 | 오 | 타 | 와 | 케 | 냐 | 나 | 이 | 로 | 비 |

: 에코정자체

뉴	질	랜	드	웰	링	턴	인	도	뉴	델	리
뉴	질	랜	드	웰	링	턴	인	도	뉴	델	리
뉴	질	랜	드	웰	링	턴	인	도	뉴	델	리
스	웨	덴	스	톡	홀	롬	호	주	캔	버	라
스	웨	덴	스	톡	홀	롬	호	주	캔	버	라
스	웨	덴	스	톡	홀	롬	호	주	캔	버	라
자	메	이	카	킹	스	턴	이	란	테	헤	란
자	메	이	카	킹	스	턴	이	란	테	헤	란
자	메	이	카	킹	스	턴	이	란	테	헤	란
타	이	완	타	이	베	이	카	타	르	도	하
타	이	완	타	이	베	이	카	타	르	도	하
타	이	완	타	이	베	이	카	타	르	도	하

: 에코정자체

| 그 | 리 | 스 | 아 | 테 | 네 | 가 | 나 | 아 | 크 | 라 | |

| 노 | 르 | 웨 | 이 | 오 | 슬 | 로 | 독 | 일 | 베 | 를 | 린 |

인생이란 나를 찾아가는 여행이다

시작했으면 끈기있게 나아가라

친절한 말은 봄볕과 같이 따사롭다

친절한 말은 봄볕과 같이 따사롭다

친절한 말은 봄볕과 같이 따사롭다

고통 없이는 얻는 것도 없다

고통 없이는 얻는 것도 없다

고통 없이는 얻는 것도 없다

가르치고 배우면서 서로 발전한다

가르치고 배우면서 서로 발전한다

가르치고 배우면서 서로 발전한다

바다는 마음이 넓어 온갖 물을 사양하지 않는다

바다는 마음이 넓어 온갖 물을 사양하지 않는다

바다는 마음이 넓어 온갖 물을 사양하지 않는다

무릇 마음을 낮추는 사람에게는 만복이 스스로 돌아온다

무릇 마음을 낮추는 사람에게는 만복이 스스로 돌아온다

도가 충실하면 유연하게 되고, 덕이 충실하면 겸손해진다

도가 충실하면 유연하게 되고, 덕이 충실하면 겸손해진다

위대한 일에 쉬운 것은 없다

위대한 일에 쉬운 것은 없다

모든 일은 오직 마음먹기에 달려 있다

모든 일은 오직 마음먹기에 달려 있다

우리의 가장 큰 실수는 포기하는 것이다

우리의 가장 큰 실수는 포기하는 것이다

우리의 가장 큰 실수는 포기하는 것이다

미래는 현재 우리가 무엇을 하는가에 달려 있다

미래는 현재 우리가 무엇을 하는가에 달려 있다

미래는 현재 우리가 무엇을 하는가에 달려 있다

남의 선을 기억하고 남의 잘못은 잊는다

남의 선을 기억하고 남의 잘못은 잊는다

남의 선을 기억하고 남의 잘못은 잊는다

교만은 손해를 불러오고 겸손함은 이익을 받는다

교만은 손해를 불러오고 겸손함은 이익을 받는다

교만은 손해를 불러오고 겸손함은 이익을 받는다

선을 보면 실천에 옮기고, 잘못이 있으면 고쳐야 한다

선을 보면 실천에 옮기고, 잘못이 있으면 고쳐야 한다

남에게는 봄바람처럼 자신에게는 가을 서릿발처럼

남에게는 봄바람처럼 자신에게는 가을 서릿발처럼

인생이란 나를 찾아가는 여행이다

인생이란 나를 찾아가는 여행이다

시작 했으면 끈기있게 나아가라

시작 했으면 끈기있게 나아가라

친절한 말은 봄볕과 같이 따사롭다

친절한 말은 봄볕과 같이 따사롭다

친절한 말은 봄볕과 같이 따사롭다

고통 없이는 얻는 것도 없다

고통 없이는 얻는 것도 없다

고통 없이는 얻는 것도 없다

에코정자체

고통없이는
얻는것도
없다

시작 했으면
끈기있게
나아가라

강물은
바다를 포기하지
않는다

인생이란
나를 찾아가는
여행이다

세상의
모든복을 모아모아
담아드려요

친절한 말은
따뜻한
봄볕과 같다

• 에코정자체

고통없이는
얻는것도
없다

시작 했으면
끈기있게
나아가라

강물은
바다를 포기하지
않는다

인생이란
나를 찾아가는
여행이다

세상의
모든 복을 모아모아
담아드려요

친절한 말은
따뜻한
봄볕과 같다

• 에코정자체

우리의
가장 큰 실수는
포기하는 것이다

그대가 가는 길이
아름다운
꽃길이어라

모든 일에
감사하며
긍정적으로 살자

남의 선은
기억하고
남의 잘못은
잊는다

꿈꾸는 나무는
그 향기가
숲을 덮는다

작은 노력이
반복되면
습관이 된다

: 에코정자체

우리의
가장 큰 실수는
포기하는 것이다

그대가 가는 길이
아름다운
꽃길이어라

모든 일에
감사하며
긍정적으로 살자

남의 선은
기억하고
남의 잘못은
잊는다

꿈꾸는 나무는
그 향기가
숲을 덮는다

작은 노력이
반복되면
습관이 된다

: 에코정자체

친절한 말은
따뜻한
봄볕과 같다

그대가 가는 길이
아름다운
꽃길이어라

인생이란
나를
찾아가는
여행
이다

고통 없이는
얻는 것도 없다

• 에코정자체

남의 선은
기억하고
남의 잘못은
잊는다

우리의
가장 큰 실수는
포기하는
것이다

세상의
모든 사랑을 모아모아
담아드려요

작은 노력이
반복되면
습관이 된다

5 : 에코미소체

: 에코미소체

| ㄱ | ㄴ | ㄷ | ㄹ | ㅁ | ㅂ | ㅅ | ㅇ | ㅈ | ㅊ | ㅋ | ㅌ |

| ㅍ | ㅎ | ㅏ | ㅑ | ㅓ | ㅕ | ㅗ | ㅛ | ㅜ | ㅠ | ㅡ | ㅣ |

| 가 | 나 | 다 | 라 | 마 | 바 | 사 | 아 | 자 | 차 | 카 | 타 |

| 파 | 하 | 고 | 뉴 | 도 | 루 | 모 | 부 | 소 | 우 | 죠 | 추 |

: 에코미소체

코	투	포	효	가	갸	저	져	그	구	규	귀
코	투	포	효	가	갸	저	져	그	구	규	귀
코	투	포	효	가	갸	저	져	그	구	규	귀
고	꼬	옥	곡	나	냐	니	내	너	녀	네	노
고	꼬	옥	곡	나	냐	니	내	너	녀	네	노
고	꼬	옥	곡	나	냐	니	내	너	녀	네	노
뇨	누	뉴	근	는	돈	론	다	댜	디	대	더
뇨	누	뉴	근	는	돈	론	다	댜	디	대	더
뇨	누	뉴	근	는	돈	론	다	댜	디	대	더
뎌	데	도	됴	두	듀	곧	밭	라	랴	리	래
뎌	데	도	됴	두	듀	곧	밭	라	랴	리	래
뎌	데	도	됴	두	듀	곧	밭	라	랴	리	래

: 에코미소체

러	려	레	로	료	루	류	길	놀	들	릴	미
러	려	레	로	료	루	류	길	놀	들	릴	미
러	려	레	로	료	루	류	길	놀	들	릴	미

모	무	부	비	보	곱	사	샤	시	새	서	세
모	무	부	비	보	곱	사	샤	시	새	서	세
모	무	부	비	보	곱	사	샤	시	새	서	세

스	숀	수	슈	갓	롯	맛	이	으	양	우	유
스	숀	수	슈	갓	롯	맛	이	으	양	우	유
스	숀	수	슈	갓	롯	맛	이	으	양	우	유

지	자	쟈	저	제	조	주	쥬	즈	차	챠	치
지	자	쟈	저	제	조	주	쥬	즈	차	챠	치
지	자	쟈	저	제	조	주	쥬	즈	차	챠	치

: 에코미소체

채	처	쳐	체	초	춘	추	츄	츠	키	카	커
채	처	쳐	체	초	춘	추	츄	츠	키	카	커
채	처	쳐	체	초	춘	추	츄	츠	키	카	커

껴	코	쿄	역	큐	쿼	타	티	태	터	테	톤
껴	코	쿄	역	큐	쿼	타	티	태	터	테	톤
껴	코	쿄	역	큐	쿼	타	티	태	터	테	톤

투	튜	파	피	패	퍼	펴	페	포	표	푸	퓨
투	튜	파	피	패	퍼	펴	페	포	표	푸	퓨
투	튜	파	피	패	퍼	펴	페	포	표	푸	퓨

앞	잎	삶	하	히	허	호	후	밭	솥	팥	숲
앞	잎	삶	하	히	허	호	후	밭	솥	팥	숲
앞	잎	삶	하	히	허	호	후	밭	솥	팥	숲

순천만 진도 운림산방 서산마애여래삼존상 호미곶

순천만 진도 운림산방 서산마애여래삼존상 호미곶

순천만 진도 운림산방 서산마애여래삼존상 호미곶

군산 선유도 영주 소수서원 속리산 법주사 봉화 청량산

군산 선유도 영주 소수서원 속리산 법주사 봉화 청량산

군산 선유도 영주 소수서원 속리산 법주사 봉화 청량산

서울 5대궁궐 창덕궁 경복궁 덕수궁 창경궁 경희궁

서울 5대궁궐 창덕궁 경복궁 덕수궁 창경궁 경희궁

서울 5대궁궐 창덕궁 경복궁 덕수궁 창경궁 경희궁

화순고인돌유적지 순천선암사 태백산천제단 검룡소

화순고인돌유적지 순천선암사 태백산천제단 검룡소

화순고인돌유적지 순천선암사 태백산천제단 검룡소

괴산 화양구곡 인제곰배령 강릉 정동진 파주 임진강

괴산 화양구곡 인제곰배령 강릉 정동진 파주 임진강

서울 중앙 박물관 북한산 독도 설악산 권금성 해운대

서울 중앙 박물관 북한산 독도 설악산 권금성 해운대

고난이 크면 클수록 영광도 크다

고난이 크면 클수록 영광도 크다

물을 마셔도 급하게 마시면 상한다

물을 마셔도 급하게 마시면 상한다

긍정의 힘이 우주를 내 것으로 만든다

긍정의 힘이 우주를 내 것으로 만든다

더딘 것을 염려하지 말고 멈출것을 염려하다

더딘 것을 염려하지 말고 멈출것을 염려하다

선물받은 오늘을 소중하게 보내세요

선물받은 오늘을 소중하게 보내세요

당신의 빛나는 내일을 응원합니다

당신의 빛나는 내일을 응원합니다

너만큼 예쁜 친구는 본 적이 없다

너만큼 예쁜 친구는 본 적이 없다

너만큼 예쁜 친구는 본 적이 없다

네가 가는 길이 아름다운 꽃길이다

네가 가는 길이 아름다운 꽃길이다

네가 가는 길이 아름다운 꽃길이다

당신의 미소가 세상을 환하게 만듭니다

당신의 미소가 세상을 환하게 만듭니다

당신의 미소가 세상을 환하게 만듭니다

곁에 있어 오늘도 행복합니다

곁에 있어 오늘도 행복합니다

곁에 있어 오늘도 행복합니다

달팽이가 느려도 결코 늦지 않다

달팽이가 느려도 결코 늦지 않다

달팽이가 느려도 결코 늦지 않다

어떤 내가 될지는 내가 정하는거야

어떤 내가 될지는 내가 정하는거야

어떤 내가 될지는 내가 정하는거야

목표가 있는 자는 흔들리지 않는다

목표가 있는 자는 흔들리지 않는다

목표가 있는 자는 흔들리지 않는다

버릇 하나만 바꾸어도 내 인생이 달라진다

버릇 하나만 바꾸어도 내 인생이 달라진다

버릇 하나만 바꾸어도 내 인생이 달라진다

승리는 반복에 지치지 않는 자에게로 돌아간다

승리는 반복에 지치지 않는 자에게로 돌아간다

승리는 반복에 지치지 않는 자에게로 돌아간다

오늘 걷지 않으면 내일은 달려야 한다

오늘 걷지 않으면 내일은 달려야 한다

오늘 걷지 않으면 내일은 달려야 한다

진심은 때로 기적을 만든다

진심은 때로 기적을 만든다

진심은 때로 기적을 만든다

너에게 고백해 조명은 엘이디로해

너에게 고백해 조명은 엘이디로해

너에게 고백해 조명은 엘이디로해

마음을 내려놓으면 행복이 보인다

마음을 내려놓으면 행복이 보인다

마음을 내려놓으면 행복이 보인다

내일이란 꿈이 있으니 힘을내요

내일이란 꿈이 있으니 힘을내요

내일이란 꿈이 있으니 힘을내요

그대와 함께 하는 삶이 꽃길입니다

그대와 함께 하는 삶이 꽃길입니다

그대와 함께 하는 삶이 꽃길입니다

사람은 말투에서 그됨됨이를 알수 있다

사람은 말투에서 그됨됨이를 알수 있다

사람은 말투에서 그됨됨이를 알수 있다

마음도 쉬어야 넓고 부드러워 집니다

마음도 쉬어야 넓고 부드러워 집니다

마음도 쉬어야 넓고 부드러워 집니다

햇살처럼 따뜻하게 바람처럼 부드럽게 살자

햇살처럼 따뜻하게 바람처럼 부드럽게 살자

햇살처럼 따뜻하게 바람처럼 부드럽게 살자

● 에코미소체

고난이
크면 클수록
영광도 크다

긍정의 힘이
우주를
내 것으로 만든다

선물받은
오늘을 소중하게
보내세요

곁에 있어
오늘도
행복합니다

달팽이가
느려도
결코 늦지 않다

내일이란
꿈이 있으니
힘을 내요

: 에코미소체

고난이
크면 클수록
영광도 크다

긍정의 힘이
우주를
내 것으로 만든다

선물받은
오늘을 소중하게
보내세요

곁에 있어
오늘도
행복합니다

달팽이가
느려도
결코 늦지 않다

내일이란
꿈이 있으니
힘을 내요

: 에코미소체

그대와
함께
꽃길을 걸어요

당신의
빛나는 내일을
응원합니다

꿈과 열정이
있다면
그대는 청춘이다

오래오래
함께 해주세요
사랑합니다

그대라는
꽃을 만나
내 삶이 향기로워
졌습니다

더딘 것을
염려하지 말고
멈출것을
염려하라

: 에코미소체

그대와
함께
꽃길을 걸어요

당신의
빛나는 내일을
응원합니다

꿈과 열정이
있다면
그대는 청춘이다

오래오래
함께 해주세요
사랑합니다

그대라는
꽃을 만나
내 삶이 향기로워
졌습니다

뒤진 것을
염려하지 말고
멈출것을
염려하라

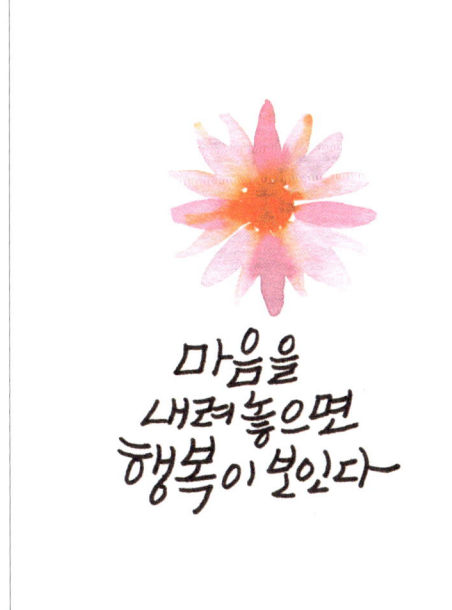

: 에코미소체

더딘 것을
염려하지 말고
멈출 것을
염려하다

우리
서로에게
필요한 존재가
되자—

선물받은
오늘을
소중하게
보내세요

그대라는
꽃을 만나
내 삶이
향기로워
졌습니다

6: 에코가수체(에코캘리체)

ㅊ	ㅊ	ㅊ					
ㅋ	ㅋ	ㅋ					
ㅌ	ㅌ	ㅌ					
ㅍ	ㅍ	ㅍ					
ㅎ	ㅎ	ㅎ					
ㅏ	ㅏ	ㅏ					
ㅑ	ㅑ	ㅑ					
ㅓ	ㅓ	ㅓ					
ㅕ	ㅕ	ㅕ					
ㅗ	ㅗ	ㅗ					

에코가수체(에코캘리체)

ㄱ	ㄴ	ㄷ	ㄹ	ㅁ	ㅂ	ㅅ	ㅇ	ㅈ	ㅊ	ㅋ	ㅌ
ㅍ	ㅎ	가	나	다	라	마	바	사	아	자	차
카	타	파	하	고	노	도	로	모	보	소	오
조	초	코	토	포	호	아	야	어	여	오	요

에코가수체(에코캘리체)

우	유	으	이	애	얘	에	예	와	왜	외	워
우	유	으	이	애	얘	에	예	와	왜	외	워

웨	위	밖	넋	앉	않	닭	앎	앓	있	삶	잖
웨	위	밖	넋	앉	않	닭	앎	앓	있	삶	잖

가	각	갑	강	걱	걷	곧	군	굽	굴	깊	꽃
가	각	갑	강	걱	걷	곧	군	굽	굴	깊	꽃

나	낙	날	남	낮	냄	넋	널	녹	높	놋	님
나	낙	날	남	낮	냄	넋	널	녹	높	놋	님

∶ 에코가수체(에코캘리체)

다	닥	달	당	던	덥	돌	둘	득	듯	등	때
다	닥	달	당	던	덥	돌	둘	득	듯	등	때

라	락	랄	력	럽	렁	록	롱	를	릉	립	링
라	락	랄	력	럽	렁	록	롱	를	릉	립	링

마	막	만	맏	맡	멀	명	몸	물	밉	및	밑
마	막	만	맏	맡	멀	명	몸	물	밉	및	밑

바	박	밤	밭	백	번	법	벚	볼	봄	붓	빵
바	박	밤	밭	백	번	법	벚	볼	봄	붓	빵

: 에코가수체(에코캘리체)

사	삭	삽	생	설	솔	솟	숭	숨	신	쌍	쓸
사	삭	삽	생	설	솔	솟	숭	숨	신	쌍	쓸
사	삭	삽	생	설	솔	솟	숭	숨	신	쌍	쓸

아	악	앞	얌	언	얻	옷	울	원	윳	윰	잊
아	악	앞	얌	언	얻	옷	울	원	윳	윰	잊
아	악	앞	얌	언	얻	옷	울	원	윳	윰	잊

자	작	잘	잦	재	전	제	졸	중	좌	짚	짤
자	작	잘	잦	재	전	제	졸	중	좌	짚	짤
자	작	잘	잦	재	전	제	졸	중	좌	짚	짤

차	착	찰	참	청	체	촛	취	측	친	칠	칭
차	착	찰	참	청	체	촛	취	측	친	칠	칭
차	착	찰	참	청	체	촛	취	측	친	칠	칭

에코가수체(에코캘리체)

카	칵	칼	컵	콜	콧	쿨	쿱	클	킥	킴	콩
카	칵	칼	컵	콜	콧	쿨	쿱	클	킥	킴	콩

타	탁	탈	탬	턴	텃	톱	툭	튀	특	팀	팁
타	탁	탈	탬	턴	텃	톱	툭	튀	특	팀	팁

파	딱	팔	팥	팽	펌	폭	푹	플	핀	필	팽
파	딱	팔	팥	팽	펌	폭	푹	플	핀	필	팽

하	학	한	합	핫	핸	혈	혹	훈	흥	흥	힘
하	학	한	합	핫	핸	혈	혹	훈	흥	흥	힘

몸넋잠옷 집땅흙일 땀돈꿈복 말글책앎 물불강비 해달별산

몸넋잠옷 집땅흙일 땀돈꿈복 말글책앎 물불강비 해달별산

숲풀꽃약 힘길임벗 술때삶듦 봄여름 가을겨울 하늘땅

숲풀꽃약 힘길임벗 술때삶듦 봄여름 가을겨울 하늘땅

바다 구름 바람 햇살 사랑소망믿음 행복 기쁨 맑음 평화

바다 구름 바람 햇살 사랑소망믿음 행복 기쁨 맑음 평화

우정 가족 안녕 천사 희망 장미 사과 참외 자두 포도 딸기

우정 가족 안녕 천사 희망 장미 사과 참외 자두 포도 딸기

영웅 도전 힐링 겸손 배려 선물 동행 캘리 헌혈 창의

영웅 도전 힐링 겸손 배려 선물 동행 캘리 헌혈 창의

설레임 유채꽃 달팽이 종달새 선인장 만년필 삼족오

설레임 유채꽃 달팽이 종달새 선인장 만년필 삼족오

무궁화 에너지 피크닉 진달래 소나기 그리움 자신감 타이밍

무궁화 에너지 피크닉 진달래 소나기 그리움 자신감 타이밍

처음처럼 대한민국 입춘대길 건양다경 운수대통 다이어트

처음처럼 대한민국 입춘대길 건양다경 운수대통 다이어트

걱정해서 걱정이 없어지면 걱정이 없겠네

걱정해서 걱정이 없어지면 걱정이 없겠네

충분히 잘하고 있고 충분히 멋있어요

충분히 잘하고 있고 충분히 멋있어요

승리는 가장 끈기있는 사람에게로 돌아간다

승리는 가장 끈기있는 사람에게로 돌아간다

잠을 자면 꿈을 꾸지만 공부를 하면 꿈을 이룬다

잠을 자면 꿈을 꾸지만 공부를 하면 꿈을 이룬다

무지개를 보고 싶다면 비를 견뎌내야 한다

무지개를 보고 싶다면 비를 견뎌내야 한다

반복에 지치지 않는자가 성취한다

반복에 지치지 않는자가 성취한다

넌 이 세상 누구보다 아름다운 향기를 가진 꽃이다

넌 이 세상 누구보다 아름다운 향기를 가진 꽃이다

글씨는 즐겁게 써야 성취할수있다

글씨는 즐겁게 써야 성취할수있다

나의 글씨는 담백하고 솔직하기를 바란다

나의 글씨는 담백하고 솔직하기를 바란다

나의 글씨는 담백하고 솔직하기를 바란다

와인이 익어가듯 글씨도 숙성의 시간이 필요하다

와인이 익어가듯 글씨도 숙성의 시간이 필요하다

와인이 익어가듯 글씨도 숙성의 시간이 필요하다

내가 지금 겪고 있는 이 시련은 분명히 지나간다

내가 지금 겪고 있는 이 시련은 분명히 지나간다

내가 지금 겪고 있는 이 시련은 분명히 지나간다

사람은 말투에서 그 됨됨이를 알수있다

사람은 말투에서 그 됨됨이를 알수있다

사람은 말투에서 그 됨됨이를 알수있다

오늘 걷지 않으면 내일은 뛰어야 한다

오늘 걷지 않으면 내일은 뛰어야 한다

오늘 걷지 않으면 내일은 뛰어야 한다

최선은 나를 절대 배반하지 않는다

최선은 나를 절대 배반하지 않는다

최선은 나를 절대 배반하지 않는다

역경을 이겨내고 핀 꽃이 가장 아름다운 꽃이다

역경을 이겨내고 핀 꽃이 가장 아름다운 꽃이다

역경을 이겨내고 핀 꽃이 가장 아름다운 꽃이다

꿈이 있는 삶이 모든것을 가진 삶보다 아름답다

꿈이 있는 삶이 모든것을 가진 삶보다 아름답다

꿈이 있는 삶이 모든것을 가진 삶보다 아름답다

: 에코가수체(에코캘리체)

살다보면
어느순간 마법같은
순간이온다

서로를
격려하는
삶을살자

열정이 없으면
노하우를
얻을 수 없다

나의 성공은
나의 노력에
달려있다

글씨는
즐겁게 써야
성취
할수있다

꿈이 있는 삶이
아름답다

에코가수체(에코캘리체)

살다보면
어느순간 마법같은
순간이온다

서로를
격려하는
삶을살자

열정이 없으면
노하우를
얻을 수 없다

나의 성공은
나의 노력에
달려있다

글씨는
즐겁게 써야
성취
할수 있다

꿈이 있는 삶이
아름답다

: 에코가수체(에코캘리체)

간절히 원하면
이루어진다

청춘은
뭘해도 멋지다

다 잘 될꺼야
행운을 빌어

친구여
즐겁지 아니한가

당신이
최고라는 걸
잊지 마세요

자신감은
완벽한 준비에서
나온다

에코가수체(에코캘리체)

간절히 원하면
이루어진다

청춘은
뭘해도 멋지다

다 잘 될꺼야
행운을 빌어

친구여
좋지 아니한가

당신이
최고라는 걸
잊지 마세요

자신감은
완벽한 준비에서
나온다

: 에코가수체(에코캘리체)

더 좋은 일이
생길거야
나 자신을 믿는거야

인생은
여유있게
하루는
성실히 살자

친구여
좋지아니한가

힘들면
힘들다고
하는거야

다 잘 될거야
행운을 빌어

청춘은
뭘해도 멋지다

에코가수체(에코캘리체)

더 좋은 일이
생길거야
나 자신을 믿는거야

인생은
여유있게
하루는
성실히 살자

친구여
좋지아니한가

힘들면
힘들다고
하는거야

다 잘 될거야
행운을 빌어

청춘은
뭘해도 멋지다

: 에코가수체(에코캘리체)

자신감은
완벽한 준비에서
나온다

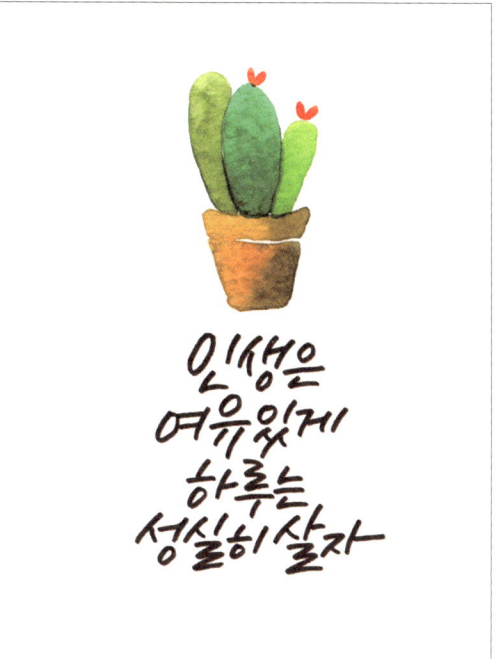

인생은
여유있게
하루는
성실히 살자

소신있게
일하고
한 일에
책임을
다하자

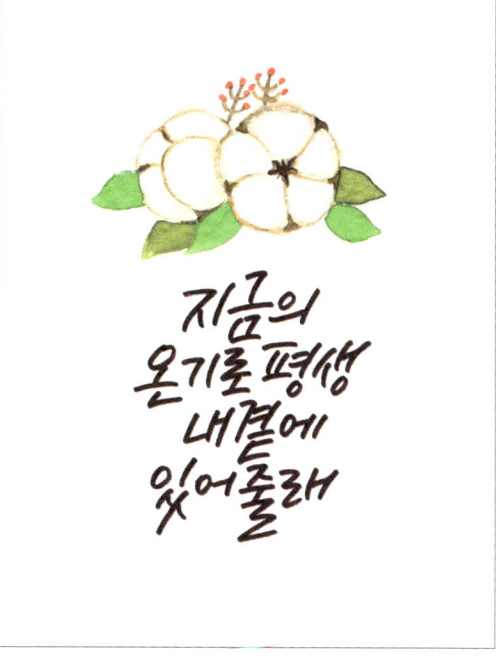

지금의
온기로 평생
내곁에
있어줄래

에코가수체(에코캘리체)

더 좋은 일이
생길거야
나 자신을 믿는거야

간절히
꿈꾸고
끊임없이
노력하길

당신이
최고라는걸
잊지마세요

나의 성공은
나의 노력에
달려있다

: 숫자쓰기

1 2 3 4 5 6 7 8 9 0

012-345-6789   012-345-6789

1 2 3 4 5 6 7 8 9 0

012-3456-7890   012-3456-7890

나만의 글씨체 찾기

참한 손글씨 참한 펜글씨 교재를 잘 끝냈다면 이제는 자신의 서체를 만들어서 완성시키면 됩니다. 앞서 배운 '가수체'를 예로 든다면 가로는 수평, 세로는 기울기를 주면서 썼다면 반대로 세로는 수직으로 가로는 기울기를 살짝 주면서 쓴다면 '세수체' 라고 서체명 을 지어볼 수 있겠지요? 가로 기울기 서체도 대중적으로 많이 쓰는 서체이기도 합니다. 이처럼 기본서체 안에서 자음과 모음을 하나씩만 변화를 주어도, 자음이나 모음 안에서 획 하나만 변화를 주어도, 가로획과 세로획의 기울기 변화에도, 초성, 중성, 받침의 크기비율을 달리해도 다양하고 개성 있게 나타낼 수 있는 글씨가 바로 한글이랍니다. 시중의 다양한 펜들도 구입해서 사용해 보시길 바랍니다. 나에게 편하고 좋은 펜을 만나면 글씨체 또한 더 멋져질 수 있습니다.

글씨 교정의 연습을 한 후에는 자신만의 획과 느낌으로 개성 있는 손글씨를 쓰도록 변화를 주세요 자신만의 글씨체를 완성해보세요.

열심히 연습한 손글씨를 이제 일상에서 활용하는 시간이 되시길 바랍니다.

노트필기, 과제물, 엽서, 책갈피, 편지, 카드 등에도 예쁘게 써 보세요~

자신만의 글씨체를 완성해보시길 바랍니다.

여러분의
참한 손글씨를 응원합니다! 파이팅!

꿈이 있는 삶이 모든것을 가진 삶보다 아름답다

나의 손글씨가
누군가를
미소짓게한다면
노력할래

명함 만들기

🌳 명함 만들기

| 준비물 |

200g 종이 여러 장, 수채물감, 붓, 물통, 펜들, 자, 칼, 코너라운더

TIP 나무그리기 가운데 나무를 먼저 그려 중심을 잡고 좌, 우 나무를 그려 주면 쉽습니다.

1 200g 종이를 명함에 알맞은 크기로 잘라 주세요.(50mm×90mm)
2_3 명함 앞면에 수채물감이나 싸인펜으로 나무를 그려 주세요.(가운데나무를 먼저 그려 주세요)

4 나무기둥을 피그마펜으로 그려 주세요.
5 나무 아래쪽에 사인펜 굵기의 펜으로 이름을 써 주세요.
6 명함 뒷면에는 중간굵기 펜으로 이름과 전화번호를 써 주세요.

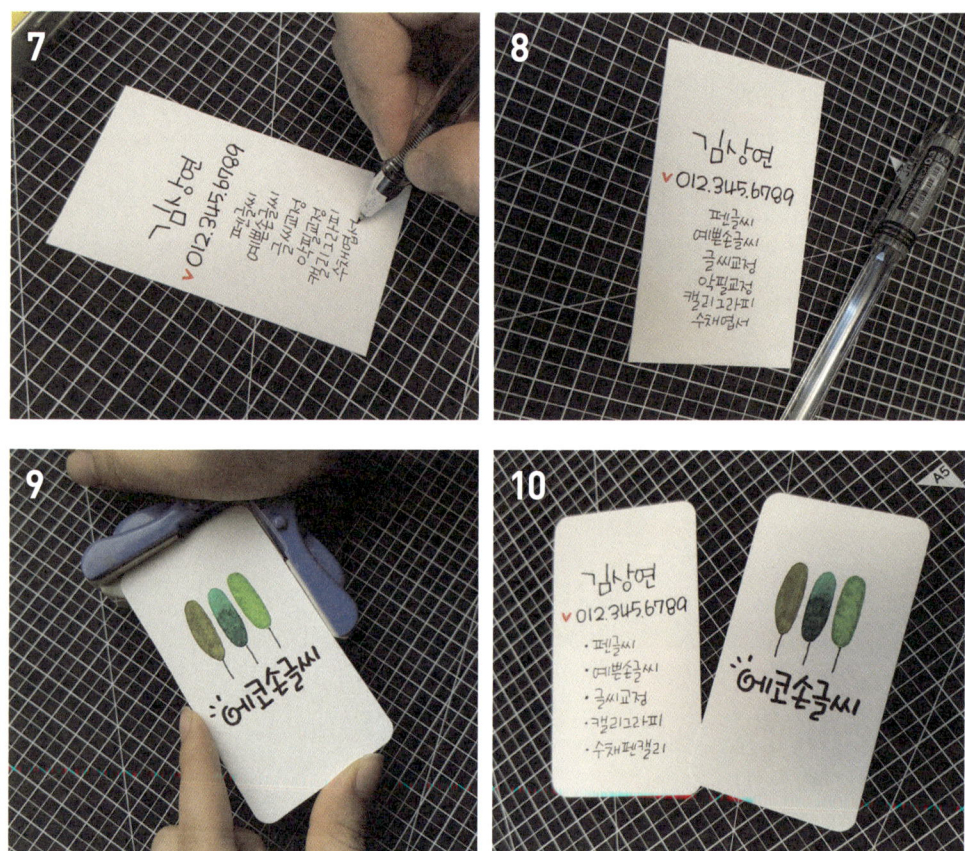

7_8 이름과 전화번호 아래 홍보하고 싶은 문구나 그림을 가는굵기펜으로 꾸며 주세요.
9   코너라운더로 명함 코너를 둥글게 정리해 주세요.(생략가능)
10   완성 사진.

책갈피 만들기

| 준비물 |

책갈피 종이, 붓,
수채물감, 자, 칼,
여러가지 펜들,
아일렛, 마스킹테잎,
아일렛펀치, 가위,
압화스티커, 마끈,
지끈

1_2 크라프트지를 책갈피에 알맞은 크기로 잘라주세요.

3_4 펀치를 이용하여 책갈피 상단에 구멍을 뚫어주세요.
5 장식할 압화스티커를 구멍 아래쪽에 붙여주세요.
6 손글씨문구를 하단에 균형 맞춰 글씨를 써 주세요.
7 상단구멍에 아일렛심을 박아주세요. (생략가능)

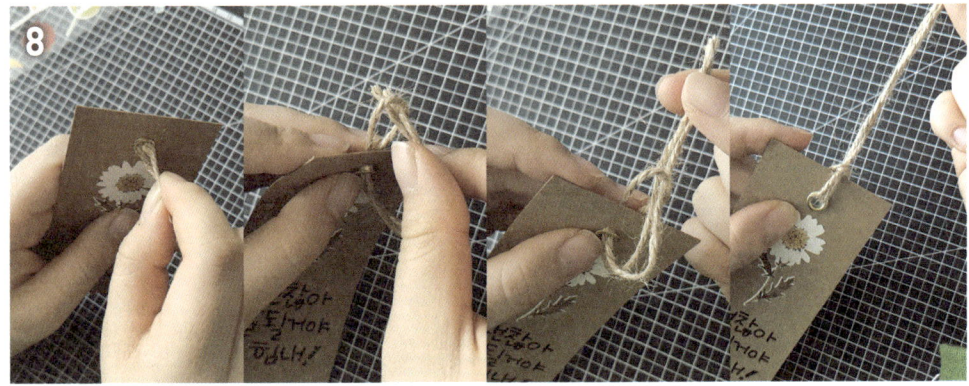

8 적당한 길이의 장식끈을 달아주면 완성됩니다.
9 압화스티커를 이용한 책갈피만들기 완성사진.

책갈피 여러가지 서체, 펜

진달래꽃

나 보기가 역겨워
가실 때에는
말없이 고이 보내드리오리다

영변에 약산
진달래꽃
아름 따다 가실 길에 뿌리오리다

가시는 걸음걸음
놓인 그 꽃을
사뿐히 즈려 밟고 가시옵소서

나 보기가 역겨워
가실 때에는
죽어도 아니 눈물 흘리오리다

— 김소월

돌담에 속삭이는 햇발

돌담에 속삭이는 햇발같이
풀 아래 웃음짓는 샘물같이
내 마음 고요히 고운 봄길 위에
오늘 하루 하늘을 우러르고 싶다

새악시 볼에 떠오르는 부끄럼같이
시의 가슴 살포시 젖는 물결같이
보드레한 에메랄드 얇게 흐르는
실비단 하늘을 바라보고 싶다

— 김영랑 —